日本語の論理

言葉に現れる思想

山口明穂
Yamaguchi Akiho

大修館書店

日本語の論理——言葉に現れる思想・目次

はじめに

　言葉を考える基準は、それぞれの語が、どういう語形であるか、もし語形変化をする語であれば、それがどういう変化か、また、文中で使われる時には他の語にどういう関係で続くか、そういった形（形式）を重んじるべきであると考えている。形を重んじるという、基本的な視点は、前著『国語の論理―古代語から近代語へ』（一九八九年・東京大学出版会刊）・『日本語を考える』（二〇〇〇年・東京大学出版会刊）の時と変わっていない。もっとも形を重んじるといっても、形だけですべてと考えているわけではない。形を通して、その言葉にこめられた、使う人の意識がどうであるか、それを見究めることが大事と考えている。

　「形を通して…」とは次のようなことである。例えば、「歩く」という語があり、形の上からは動詞である。同様に、「走る」「生きる」「作る」「咲く」「ある」なども動詞であるが、これを動詞とすることが結論であり、それでよしとするならば、それは、形の観察で終わったことになると思う。かつての議論に「ある」「ない」のことがあった（本書一七頁以下）。「ある」は

「存在」を表し、「ない」は「不在」を表す。「存在」を表す「ある」が動詞で、「不在」の「ない」が形容詞であるのは、意味の上では表裏の関係にある「存在」「不在」を、別の品詞で表すことになり、おかしいという意見があって、それを『新文典』（橋本進吉の文法理論に沿って執筆されている）では次のように説明している。これは確かにおかしいが、文法は語形・職能などからも考えるべきであり、それでいえば、「ある」は動詞になり、「ない」は形容詞になり、文法とはそういうものであるということであった。しかし、これでは到底納得できる説明とはいえない。そこで、本書では、「ある」の表す内容を動詞全体に共通する性格から考え、「ある」が何故、動詞であるのかを考えた。「ない」についても、同様に、形容詞であることの関連で、「ない」の意味とそれが何故形容詞であるのかを考えた。文法とは、そこまで考えるべきではないのか、それが筆者の考えである。

形を捉えるということでは次のようなことがある。最近、画像の見えないカー・テレビから、恐らくドラマの一場面と思う（画像が見えないし、声を連続して聞いているわけではないので、どうとも計りがたい）が、「あり・をり・はべり・いまそかりなどと覚えて何になるのよ」というような言葉が聞こえて来た。このような話題がドラマ（かどうかは分からなかったが）の中で話題にされていることが面白かった。中身も分からず述べることはよくないが、この発言の裏には、恐らく、学校で教わる日本語の文法など、日常、日本語で生活する際に大して役にも立たず、ちっとも面白くないという気持があったのであろう。「あり・をり・はべり・いまそかり」は語呂もよいし、また、多くの人が古典文法の中で、ラ変は何かを覚えるよう教わる経験をして、それだけ話題として面白く、役に立たないものとして同感を得やすいものなのであろう。確かに、覚えただけで何になるものでもない。しかし、こう覚えれば、そして、これが動詞であるにもかかわらず、他の動詞（語尾がウ段の音になる）と違う語形であることに気付けば、それは何故かの問題となり、覚えて何にならないものでもない。ラ変に属する語はすべて「存在」を表し、しかも、「存在」を表す語はラ変以外にはなかった。つまり、「存在」はラ変、ラ変以外は存在とはならないことが分かれば、そこに日本語を解く鍵があるのである。更に、その上、言い切り（終止形）の語尾がイ段の「り」であったことで、「白し」「をかし」など、同じにイ段となる形容詞の語尾と共通する。ということは、「存在」のあり方を形容詞の内容と近いものと考えたということなのである。そうなる一方で、活用は動詞型であるから、やはり動詞なのであり、そこにも日本語の考え方が反映しているのである。

もともと、日本語独自の発想を知りたいという強い思いがあった。こういうことは、既に山田孝雄・時枝誠記両氏が考えており、殊に直接教えを受けた時枝先生から頂いた影響は大きいと思う。前に述べた二書も、その精神で執筆した。その気持は、『国語の論理―古代語から近代語へ』という書名にも込めた積もりである。その時、書名に「国語」という語を用いたのは、この名称が日本語の性格に合うと考えたからである。日本語は、自分の主観から物事を捉える特性があると考え、その特性に「国語」の名称が合うと考えたのである。例えば、英語・ドイツ語・フランス語などの名称と同次元にあるのは、「日本語」であろう。しかし、日本語で、「私、今日、学校に行った」というのは不自然である。こういう時、普通には、「今日、学校に行った」と「私」という語を使わないであろう。何も言わなければ、それが話し手自身であることが分かるからである。「私、今日…」となるのは、特に「私」と言わなければならない時である。そのように、常に表現の裏に、話し手自身がいる日本語の特性に、「国語」の名称が合うと考えたからである。『国語の論理』を刊行する頃、時代背景は、既に「国語」よりも「日本語」になっており、「日本語の…」としたらという忠告もあったし、自分の中にもそうしようかなの思いもあった。それを敢えて「国語云々」としたのは、そうした方が日本語を論じるのに相応しいし、これが最後の我が儘という考えがあったからである。今回、「日本語の…」という書名にしたが、それは、時代の流れに任せたというだけであって、日本語独自の発想を捉えたいという筆者の考え方は、前と全く変わっていない。

高校時代の英語の授業で、英作文を正され、何故、これがいけないのですかという問いに返って来る答えは、「英語ではそういう言い方はしない」が多かった。こちらの英語は日本語の発想によるものであり、教えられるのは英語の発想であるのだから、正されて当然である。逆に、英語を直訳し、それが日本語かと言われたこともある。「He was survived by his wife.」を、辞書を引き引き、「彼は彼の妻に生き残られた」と訳し、「それが日本語か、何故、『妻に先立った』と訳せないのか」と、叱られるよりも笑われた記憶もある。英語力の拙さはいうまでもないが、これも日英両語の発想の違いといってよかろう。日本語と英語とは、表現の形式が違う。つまり、考え方が違う。となると、英語の論理で、日本語を考えたりすれば、日本語を見誤る結果になる。それは絶対に避けたい。『日本語を考える』の中では、助詞「が」を主格とする問題も扱った。そこでは、日本語の「が」は主格の表示とすべきではないと結論した。「が」という形式に載る論理が何かを、日本語の中から帰納すべきであるのに、それを西欧から主格（主語）という概念を取り入れ、「が」に当てはめたことが、日本語を考える時の、間違いの基となっているとした。本書の中でも、前著を基にして、その後、考えた主語の問題を論じている。考えるたびに、日本語の中での主語の問題は大きいとつくづく感じ、今後、究明されるべき点は多いと思った。

日本語の論理を考え続けて行きたい。本書執筆の動機であり、『日本語の論理』を書名とした理由である。先にも述べたように、既に『国語の論理―古代語から近代語へ』と名付けた書を刊行している。そうした理由は説明した。今回の書名は、それと極めて紛らわしく、躊躇する思いがあったが、本書の内容を示す、最も適切な書名として、敢えてこれにすることにした。この二書の内容が異なることはいうまでもない。

第一章　日本語の論理

一　単数と複数

1　複数の表現

大学時代、国文学の授業の中でこんな話を聞いた。教官室の雑談の中で、数学の先生が、日本語の名詞には単数・複数の区別がないので、数学の、number と numbers の区別が日本語に翻訳しようとしてもうまく言い表せず不便であると言ったという。我々の先生は冗談をこめて「数たち」という訳語にしたらいいと言われたところ、当の先生は「いくら何でも、その日本語は」と言って、結局、笑いで終了になったそうである。一九五六年のことである。

古い日本語の中では、「文ども」「名ども」といった表現があるから、「数たち」でも構わないように見えるが、今でいえばやはり変な語感のある言い方である。「いくら何でも…」というのももっともである。それから、五十年余経った。今では、その時、「いくら何でも…」であった「数たち」の語を数学関係の話の中でしばしば見るようになった。そういう言い方が普通になったのには、何が変わったのか、その要因は何なのか。手っ取り早く言えば、時が経ったということである。西欧語も影響したのだろう。そして、単数・複数を区別するのがごく自然な社会になったのであろう。そういえば、最近、若い人の書いた物を見ていたら、和歌を五首引用した後に、「これらの歌々では」とあり、読んでいて、瞬間、ぎょっとした。もし我々の世代であれば、「この五首の歌では」といったであろう。「歌々」は馴染みのない言い方であった。でも、最近「家ども」「恋たち」などの語が使われることからいえば、こんな言い方まですするように変わったのかと寂しく思うよりも、これが時代感覚に基づいた、新しい表現なのであろうと納得した。そして、それにこだわることが既に時代に取り残されかけた者である証拠なのかと反省した。

日本語は名詞の次元では単数・複数を余り意識しない。「鉛筆を貸して下さい」と言われて「何本御入り用」と聞き返されることはない。もし、「二本」要る時であれば「鉛筆を二本貸して下さい」といえばよい（但し、借り方としては図々しい。「二本」というなら何故「二本」かを説明すべきである）。そして、「二本」の場合も「鉛筆」を複数形にはしない。「二本の鉛筆」といって、「二本」と分かっているのであるから、更に、名詞を複数形にする必要のないのが日本語である。これを「二本」なのだから「鉛筆ども」としなければならないのでは、むしろ不便である。

次は、この種の話題でよく聞く話である。芭蕉の「古池や蛙飛び込む水の音」の「蛙」が何匹か、単数なのか複数なのか、英語に翻訳している人が迷ったという話である。その時の結果

はどうであったのか、聞かずに済んでしまったが、試しに手許にある上田真の訳を見ると、

The old pond—
A frog leaps in,
And a splash.

と「a frog」と一匹と示される。

同様に、「枯れ枝に烏のとまりけり秋の暮」は

On a bare branch
A crow is perched—
Autumn evening.

と、「a crow」である。同書で見れば、「ほととぎす消え行く方や島一つ」は「a cuckoo」、「白菊の目に立てて見る塵もなし」は「a white chrysanthemum」と、それぞれ、なる。また、「木のもとに汁も膾も桜かな」であると、「under the trees」と、英語では複数の形になる。このように、英語では、単数・複数が区別されるのに対し、日本語ではそれがない。つまり、単数・複数の区別がなかったのであり、その区別のない日本語と、区別する英語とで、言

い方が変わるのは当然である。さて、ここで別の試みをしてみよう。「古池や」の英語を日本語に訳してみる。「古い池、一匹の蛙が飛び込む、そして一度水しぶきがあがる」となり、この句の感じは全く別の物になるといってよかろう。「一匹の蛙」「一度水しぶき」とすれば内容は具体的で分りやすい。また、「一匹」として間違っているわけではない。それなら、そう表せばというのが英語であろうが、そうしなかった。自明だからである。自明なものはいう必要がない。

落語の『小言幸兵衛』には、「かかあが一人ございます」という長屋の借り手の言葉を咎めた大家の幸兵衛が「幾人持つんだな、おかみさんを」「一人で」「五六人も持つつもりかい」などのやり取りの後に、「それじゃあ、なにも『一人でございます』と断るには及ばん。かかあは一人に決まっている。『かかあがございます』でいい。」という展開になる。決まっているものをわざわざいう必要はないということの幸兵衛の発想は極めて日本語的である。しかし、彼の怒りは「一人」と余分を言ったことよりももっと深い所にあったのではないか。例えば、「男」をいう時、「一人の男」というのは、他にも「男」がいるからである。「かみさんが一人」といえば、何人もの中の「一人」という意味である。もともと「一人」であるものを殊更に「一人」といえば、他の存在も暗示し、それは「かみさん」を粗雑に扱うのに他ならない。幸兵衛の怒りのもとである。話を「古池や」の句に戻すと、これも、さしづめ「かかあ一人」と同じに「蛙が一匹」の可能性もあった。でも、そうする必要はなかった。これで意味は明確にされている。言い換えればそれが日本語の論理なのである。

2　古語の場合

古語の場合、例えば、『伊勢物語』では、「昔、男ありけり」で始まる話が多く、一人であったとしても特に「一人の」とは付けなかった。しかし、現代語に訳した場合は、「昔、一人の男がいた」としなければおかしい。「男」とだけしたのでは、「どうも襲子《つぎこ》には男があるらしい」（山本有三『波』）のような特別な意味の表現となるからである。「一人の」と付けると、世に数多くいる中から、「一人の」存在を示すことになって、人物が限られることになる。つまり、表現の内容が具体的となり、その結果、右のような、特別な意味になりにくくなるのであろう。そのようなことから、「男」としただけでは、表そうとする内容が的確に表されていないと感じるのであろう。古語の場合、「男」「蛙」「烏」などと、特に数を限定しなければ「一」となるのは自明であり、「一」であるのだから、具体的な人物が描かれるということなのであろうか、これが普通の形になる。『源氏物語』には、「一の」と限定する形で使われた、次のような例がある。

人ひとりの御身にかへ奉りて、いづちもいづちもまかり失せなむに、咎あるまじ（玉鬘）

（大事なあなたの御身にかえ申して、私はどこへでも行き、たとえどこへ行ったか分からなくなったとしても非難されることはありますまい）

母親である夕顔を亡くして九州に渡った玉鬘に恋着した、豊後の介の言葉である。あなたを比べるもののないくらいに、大事にするの意味で用いたもので、「一人」という意味ではない。

古き世の一の物と名ある限りは、みな、つどひ参る御賀になんあめる（若菜上）

（古い昔に一の物と名のある名品は、みな、集まって来る御祝いの席であると見えます）

これも、比較できる物のない絶品の意味であり、数の「一」ではない。

一人の子をいたづらになして、思ふらむ親の心に、猶、このゆかりこそ、面だたしけれと思ひ知るばかり、用意は必ず見すべきことと思す（蜻蛉）

（一人の子を死なせて、悲しく思っている親の心に、やはり、この縁は常陸の介に対しても面目が立つと思われるほどに、必ず面倒をみようとお思いになる）

浮舟失踪後、その母親を見舞った家司から、悲しみに暮れる母親の様子を聞いて、薫は自分が浮舟を思い者としたこれまでを思い返し、これからは残された母親を十分に面倒を見ようと決意する場面である。浮舟の母親は中将と呼ばれる女性で、八宮との間に浮舟一人を出産した。その後、八宮からは縁を切られ、やむなく常陸の介と結ばれる。そして数人の子を出産するが、夫に対する敬愛の念はなく、八宮との間の、浮舟をとりわけ大事にしていた。ここで使われる「一人の子」も、彼女の浮舟への思いを汲んだ、薫の「唯一無二の大事な」という思いと考えることができる。つまり、単に数としての「一」を表すのではなく、そういう思いのこもった語と考えられるのである。

このように、古語の場合、「一」と使うならば、そこには、他に隔絶した存在の意味がこめられたと考えられ、現代語で考える、数としての「一」にはならなかったと思われる。逆にいえば、事物を表し、それを特に限定しなければ、当然、「一」になったのである。

これが、現代語と同じようになるのは、前著『日本語を考える』(第一章)の中でも触れたように、「時ニ一人ノ女有テ」(『今昔物語集』一の二)といった例の見える平安時代末である。その頃が、言葉の変化の一時期であったといってよかろう。

3　日本語の数え方

日本語では「いち、に、さん、…じゅう、じゅういち、…」と数える。例えば三百五十二などの数は、算用数字で書き表してもそのままであり、それだけ計算し易く合理的である。ドイツ語を勉強した時、これがドライフンデルト（三百）ウント（と）ツバイ（二）フンフツィッヒ（五十）となることを知り、難しいと思った。数字の位取りが、十の位よりも一の位が先になる（百以上は一の位よりも先になる）のでは、とても計算しにくい言葉と感じた。比較的やさしい英語でも一から十まではともかく、イレブン（十一）、トゥエルブ（十二）はそれと記憶しなければならない。その点、日本語は楽である。だから計算もし易い。その楽なはずの日本語なのに太平洋戦争の敗戦後、戦勝国すべて良しの発想であろう、毎日の買物の釣り銭の計算で、引き算をする日本語よりも、足し算をするアメリカ的なやり方が合理的であると説く人がいた。しかし、この計算法の違いも、数を表す言葉の体系が合理的な日本語とそうでない西欧語との、それぞれの生み出した生活の知恵であろう。日本語の利便さを享受してよいのに、これが敗戦ということか。これを痛切に感じたのは、後年ドイツに生活した時である。九十五マルク二十ペニヒの買物をして、百五マルク二十ペニヒの金を出した。これで十マルクの釣りが貰える。しかし、レジ係の女性は名状しがたい当惑の表情を浮かべて、こちらの顔を見た。百マルクで十分なのに、何故、それ以上出す。二十ペニヒに八十ペニヒを加えて一マルクとし、それに四マルクを加えれば百マルクになるではないか。それが、彼女の思いであったのだろう。慌てて五マルク二十ペニヒを引込め、ジャラジャラと四マルク八十ペニヒの小銭を渡された。重くなったポケットをおさえながら、日本語の便利さをつくづくと感じた。ただし、日本語でも、「万」以上が「いちまん（一万）、いちおく（一億）、いっちょう（一兆）」となるように、これが「千」以下も「いちじゅう（一十）、いっぴゃく（一百）、いっせん（一千）」（但し、「千」の場合は、「万」以上の数になると「一万一千百円」のようになる）であるならば、更にいうことはない。但し、「いち、に、さん、…、じゅう、…、ひゃく、…、せん、…、まん、…」という数え方がもともとの日本語でないことは、これが漢数字の読み方であることから明らかである。便利さは中国文化を取り入れたからといえよう。

日本語には単数・複数の区別がないとした。「numbers」を「数たち」としたらというのは、「たち」を複数化の語尾と考えたからであるが、この「たち」は、本来は複数を表す語ではない。例えば、「山田さんたち」のようにいうのは「山田さんを含めて何人も」の意であって、山田さんの複数ではない。『竹取物語』のかぐや姫に求婚する五人の貴公子について、「色好みといはるゝ五人、…その名ども、…此人々なりけり、…かたちよしと聞きては、見まほしうする人どもなりければ」と「五」の数を表すために、「人々」「人ども」の語を用いている。これは、一見、複数であるかのように思えるが、古代語に於いて、これらの語は、複数というよりも多数の概念を表していた。しかも、多いという時も幾つからが多いかの基準が、日本語にはない。使う人が多いと思えば多いというのであって、中国語のような「三」から上が多数であるという客観的な基準があるわけでもない（『日本語を考える』第一章）。つまり、日本語の多い、少いの判断は主観的である。この主観的ということは、多寡に限らず、高低・大小・広狭などの判断も同様である。以前に読んだ日本語の英訳では（何という文章か、記録を紛失し不明である）、「庭に高い松の木がある」という日本語が英語で「何フィート」と具体的な高さを示す語が添えられていた。

しかし、最近は先に示した「恋たち」「歌々」のように、これまでは見かけることのなかった言い方で、しかも、明らかに複数を意識した言い方が見られるようになっている。これも、一つの時代の傾向と考えねばならないものなのであろう。

二　意味と語形——形式と論理

1　「ある」と「ない」

『新文典別記　口語篇』には、「動詞と形容詞の紛れ易いもの」として、次のような説明がある。

「ある」が動詞で、「ない」が形容詞ではをかしいのではないかといふ質問がよく出ます。もつともな事だと思ひます。そこで品詞の分類は、必ずしも意味だけによつたものでないことをよく知つてゐなければなりません。なるほど意味の上から見れば、「ある」が動詞で、「ない」が形容詞ではをかしいが、これ等はその語形や職能（役目）から区別されるのです。即ち「ある」の語形変化や職能は、他の動詞と同様であり、「ない」は他の形容詞と同様であるので、この二つは別の品詞に分たれるのです。これと同じやうな関係に立つものを、猶、二三、次に挙げませう。

（動　詞）　老いる　富む
（形容詞）　若い　貧しい

（五三頁）

『新文典』は、一九三一年以降、中学校・女学校・実業学校などで使う文法教科書として刊行されていた書であり、『別記』はその内容解説書、今でいう指導資料に当たる本である。太平洋戦争中から直後にかけての国定教科書『中等文法』が使われる時期を間に挟んで、一九四八年まで刊行された。橋本進吉（一八八二―一九四五）の文法体系に基づいた書であるが、学校教科書として生徒が理解し易いようにということを考え、学校教育の場に妥協し、橋本の文法そのものではないとされる。なお、『中等文法』もまた、『新文典』を引き継ぎ、橋本の体系に沿った内容であるが、これもまた、橋本文法そのものではない。橋本が文法を説いた書としては一九三四年刊の『国語法要説』（国語科学講座）があるが、この書の内容は橋本の文法理念の一面を説いたもので、氏の文法理念のすべてが説かれているわけではないと、時枝誠記（一九〇〇-六七）はいう。そして、時枝は『新文典』を引き継いだ『中等文法』の内容が、あたかも橋本の文法体系そのものと誤解されている傾向があり、それは残念なことであるとしている。

昭和九年の『国語法要説』の「端書き」のところを見ますと、博士はこういうことを言っておられるんです。この文法は言語の形式の面を重視して、形式面をもって分析したものである。でありますから、その「端書き」を読めば明らかなように、橋本博士はもう一つ別の観点がある。それは意味の観点とか、論理の観点とか、そういうものがあって、それを合わせてはじめて完全な文法がある。こういうことを言っておられる。ところが、…橋本博士が一つの限定を付して、これが一つの半面の処理であるということを言っておられる文法学説を全面的に国定の中に取り入れたということなんです。（「言語過程説の基礎にある諸問題」『講座日本語の文法』別巻・九三頁）

『新文典』は湯沢幸吉郎の執筆といわれる。本書が「橋本進吉述」とあるのは、そのような成立事情からであろう。ただ、右記引用部分は、注記的に書かれた部分であり、橋本の手になった可能性はある。

右の『新文典別記』で述べられた内容は、存在を表す「ある」が動詞で、その裏返しともいうべき不在の「ない」が形容詞で、二語が異なる品詞であるのはおかしいという疑問が出るが、その疑問はもっともであるとし、しかし、品詞分類は意味だけによるのではなく、「語形変化や職能」をも考えなければならず、それによれば「ある」と「ない」とは別の品詞になるということである。

「ある」が動詞で「ない」が形容詞であるのは、その語形変化（活用）の面から考えてそうするのが正しい。しかし、『新文典別記』の記述には、奥歯に物の挟まったような、曖昧さがあり、不満がある。「ある」と「ない」とが意味の上で表裏の関係にあり、同じ品詞とならないのはおかしいという疑問が出たにもかかわらず、それに答えていない。単に、活用形式が片方が動詞的で、一方が形容詞的だから別品詞とするのでは、いかにも、日本語は形だけのものであり、意味は関係ないと述べているような感じになる。更には、非論理的な言葉だという印象になる。活用形式が違う、しかし、意味は表裏の関係になる、何故、そうなるのかの解明があってしかるべきである。これでは、時枝が橋本文法には意味や論理の観点が欠如しているとした指摘が正鵠を射ているといわざるを得ない。言葉は形式が基本であり、大事であることは間違いない。しかし、だからといって、形式だけを考えればよいというのではない。その逆に意味・論理を優先し、同じ形式でも意味が異なるのだから別品詞であると考えることも正しくない。同じ形式には同じ意味・論理があるというように、形式と意味・論理とは密接に関連している。それぞれの形式がどのような意味・論理と対応しているか、それを解明することが大事なのではないか。それでは、動詞的に活用する「ある」と形容詞に活用する「ない」との形式の違いはどのような意味・論理の違いと対応しているのであろうか。

2　論理は形式に支えられる——助詞「が」の格

本書では、品詞分類は形式を基に行うという立場を重視するので、「ある」は動詞、「ない」は形容詞であるとすることに問題はない。それを、『新文典別記』の場合、異なる品詞になるのはおかしいという質問に対し、それをもっともとした。その後、一転して、語形変化云々とするのはどうも納得がいかない。橋本の文法が形式重視であるとはいえ、これでは、形式だけが問われ、意味はどうでもよいということになるのではないだろうか。例えば、助詞「が」を用いて「花が咲いた」といえば「花」は「咲いた」の主語であり、「が」は主格である。つまり、この文での「が」は前の語を主語として後の語につなげる働きをしており、これが「が」の論理であるということになる。ちなみに「花を見にいらっしゃい」といえば、「花」は目的語（日本語ではこの名称が妥当かどうかの議論があるが、ここでは一応このままにする）である。「を」は目的格である。これも「を」の論理である。

「が」を使っては「水が飲みたい」などということもある。この言い方では「水」は「飲みたい」の対象になる。しかし、この「水」もまた主語であるとされた。「が」が使ってあるからである。「彼が好きだ」「字が書ける」などの「が」も対象となる語についているが、主格であるとされた。意味・論理は形式に支えられるという観点からすれば、こういう考え方になる。中学時代はこのように教えられた。その頃は、文法はそういうものと考えていた。後に知ったことであるが、その時代、既に「水が飲みたい」は対象を表し、「花が咲いた」とは異質な意味があると指摘する説があった。しかし、橋本文法に基づいた文法を教わっていたので、「が」はすべて主格と認識し、日本語の主格とはそういうものと思っていた。もっとも『新文典』では、「が」に「鳥が鳴く」「私は水が飲みたい」の二例のみを挙げていることを考えると、その違いを意識させたかったのに違いない。同『別記』では、「主語に附くのが普通ですが」とした後、「試験が受けられない。君は、これが読めなくてどうするのだ。水が飲みたい」の例を挙げ、「能力又は希望を言ひ表はす場合には、動詞の表はす動作の対象(「試験を受ける」「これを読む」「水を飲む」の如き「試験」「これ」「水」)を示す事があります」と、「対象」という概念を示して違う意味を認めつつ、しかし、「この場合も、主語であって、客語ではありません」と、主語とすることに固執する。それが、『中等文法　口語』(これが、我々の中学時代の教科書である）では、次のようになる。

㈠　鳥が　鳴く。　　　　　　　頭が　痛い。
　　説明が　ていねいだ。　　　正直なのが　一番だ。
㈡　水が　飲みたい。　　　　　本が　ほしい。
　　字が　読める。　　　　　　勉強するのが　好きだ。

㈠㈡と分けられているのであるから、区別の意識は明確である。このように区別されているのであるから、それが、どう違うかは学習した筈である。しかし、その記憶が全くない。恐らく、当時の私には、その区別を理解する力などなかったのであろう。また、㈠㈡と分けられているとしても『新文典別記』の内容から考えれば、どちらも主格と教わったのであろう。そうなれば、当時は、その結果だけを重視していたであろうから、違いなど考えようとしなかったであろう。

高校に入って、授業の中で、「水が飲みたい」では、「飲みたい」気持は自分のものであって、「水」は「飲みたい」の対象であり、この文の主語は「私」（言葉として示されてはいない）であり、「水」は対象語、「が」は対象語格とするのが正しいと教えられた。それが時枝誠記の説とも教えられた。更に、この種の「が」を主格とする橋本進吉の文法は形式的であり、時枝文法の方が論理に叶った文法であるともいわれた。その時は、なるほどと納得した。しかし、後年、主格・対象語格と区別するなら、何故、それを同じ「が」で表すのかと疑い始めた。主格・対象語格と意味を区別するならば、片方に「が」を使ったならば、もう一方には違う語を当ててしかるべきではないのか。区別するのが正しいとすれば、一つの形式を二つの意味に使ったことになり、形式と論理の矛盾ではないか。日本語が、このどちらにも「が」を使ったのは、同じ意味と考えていたからであろう。もし、主格で割り切ろうとすれば、「水が飲みたい」は処理できない。かといって対象語格で通すことも無理である。主格でも割り切れない余りが出、対象語格でも駄目となるならいっそ、今では常識ともなっている、この二つのどちらをも止めたらどうであろうかと考えるようになった。そこで、「が」を主格・対象語格を表すと区別するのを止め、「が」は事柄をもたらすもとになったものを指す語と考えた。「花が咲いた」であれば「花」があって「咲いた」が起こる、「水が飲みたい」であれば「水」があって「飲みたい」気持になるというようにである（拙著『日本語を考える』第九章参照）。それが日本語の「が」の論理である。もし、これを名付けるならば「発生格」或いは「由来格」などの名称が適当であろうか。そして、このように考えた時、一つの形式「が」は一つの論理を表すことになる。

ここで、次のような疑問が浮かんだ。

「水が飲みたい」は「水を飲みたい」ともいう。従来、「が」であれば対象語格であり、「を」であれば目的格である。このように、「が」「を」が使われていればよいが、場合によっては「水、飲みたい」のように助詞を使わないでもいう。この時、「水」は、「が」の関係を意識して対象語になるのか、「を」の関係を考えて目的語になるのか。

これは次のように考えることができるだろう。「水が飲みたい」のような言い方は、「が」が「飲みたい」気持を持たせたもとが「水」であることを表しており、「水を飲みたい」は「飲みたい」目当ての物を「水」と示している。「が」や「を」は、名詞「水」が「飲みたい」とどういう関係にあると、話し手が捉えたかを示しているといえる。これは、逆にいえば、名詞だけでは、それが文中の他の語に対してどういう関係にあるか、それを表す意図は話し手の中にはなかったということである。

名詞は、それぞれの事物を他と区別するための名称である。「水」は「湯」「氷」とは違うというだけの働きをする。つまり、それだけで使われた名詞が、主語とか、目的語とか、述語とかいった、文中の成分となるのは、助詞なり助動詞なりが付いてである。名詞だけであれば、ただ、その事物を指し示しているだけのこととなる。つまり、「水、飲みたい」という言い方は、「水が飲みたい」でも「水を飲みたい」でもない。先ず、「水」という物を示し、それに「飲みたい」という話し手の気持を付け加えた表現と解されるのである。その意味では、「水、飲みたい」が主格（念のために付け加えるが、筆者は、「が」を主格とはしない）であるか、対象語格であるかを考える必要はないのである。ただ、そのような文法的な関係を認めなければ、「水」「飲みたい」の関係が捉えられず、言葉としての意味が考えられないではないかという意見が出るかも知れない。しかし、この文に於ける文法的な関係は、「が」なり「を」なりといった助詞を想定して考えるべきではなく、後に続く「飲みたい」という語句が、働きかける対象を必要とすることから考えられることであって、主格、対象語格といったのとは別の範疇に属する内容と考えるべきである。

3　動詞と形容詞

言葉は表現者の思想を反映する。違う思想は違う言葉になる。言い換えれば、違う思想を表す言葉は、違う形式になる。ここから次のように考えることができる。もし、Aという事態を動詞で表し、Bという事態も動詞で表したとすれば、それは、AとBとを同類の事態と捉えたということである。

「ある」が動詞で、「ない」が形容詞であることは否定できない。その場合、そうなった事の裏には、「ある」の内容は動詞に相応しく、「ない」は形容詞に相応しいとする考え方があったからである。そこで、この二語を、このように区別したのは何故かを考えてみたい。その為に、先ず、動詞とはどういう語か、形容詞とはどういう語かということを考えてみよう。

動詞は形式の面では、単独で述語となり、活用し、言い切りの語尾がウ段の音となる語である。意味の上では、動作・作用・存在という、事物の動きを表す。動きとは、時間が経過すればその表す内容が変化するということである。

形容詞は、形式の面では、単独で述語となり、活用があり、言い切りの語尾が「い」となる語である。意味の上では、性質・有様など、事物の状態を表す。動詞のような変化の相を表す語ではなく、その状態が保たれている時に限って、それを表すことができる語である。

『新文典別記』では、動詞・形容詞の対比の例に「老いる・富む」「若い・貧しい」を挙げているが、「老いる・富む」はそのように変化して行くことである。五年後・十年後、その姿は変わっていても、「老いる」ことに変わりはない。「富む」はそこにある物が増えて行くことを表す語である。もし、国が「富む」方向にあるとして、二年後にその傾向が保たれていれば、更に中味が充実し、以前と違った状態になっていたとしても、やはり「富む」である。それは、三年後・五年後、何年後になったとしても、同じことである。それが動詞の機能といってよい。それに対し、「若い・貧しい」はその状態にあることを表す語である。一年後、変化があれば、もう「若い」の語で表すことはできない。もし、「若い・貧しい」状態が変化したとすれば、その時は、別の語を用意しなければならないのである。動詞と違って時間の経過を意識せず、ただ、或る状態を表している。それが形容詞である。

「ある」の表す存在の意味は動きがなく、その点、動詞よりも形容詞に近いのではないかという疑問が出るかも知れない。確かに、存在ということは、「富む」「老いる」或いは「歩く」「走る」「飛ぶ」「読む」「考える」などと違って、時間の経過に伴っての変化は認めにくい。その意味では、むしろ、形容詞に近い。ただ、「ある」の場合、古語に遡ってみると、「あり」という、他の動詞がウ段の語尾になるのとは違って、異なる語形の語であった。同じように、言い切りの語尾が「り」となる動詞（ラ変活用と呼ばれる）には、「をり（ある時間、そこから動かずにいる）・はべり（目上の人のそばに控える）・いまそがり（いらっしゃる）」があったが、いずれも、存在の意味を表していた。逆に、これ以外に存在の意味を表す動詞はない。つまり、存在とラ変とは切り離すことができない関係にあった（これも、日本語の論理といえる）。なお、現代語には、「ある」と近い意味で、存在を表す「いる」があり、これは古語であれば、「ゐる」であり、言い切りの語尾が「る」となり、ラ変ではない。しかし、「ゐる」本来の意味は、「すわる・動きを止める」などであって、存在を表す語ではない。つまり、古く、日本語では、「動作・作用」のような動きのある内容を表す語は言い切りの語尾がウ段の音になる語で表し、「存在」という動きのない内容を表す語は言い切りの語尾がイ段の音である語によって表したのである。つまり、動きの有る無しで区別したということになる。

更に、ここで、ラ変の語尾「り」に注目したい。「り」はイ段の音であり、その点、語尾が「し」(古語の場合)となる形容詞と共通する。そこから、語尾がイ段の音となる語は、持続的な内容を表す語であるということがあったのかと推量されるが、これは推量の域を出ない。しかし、「あり」以下ラ変に属する語が、形容詞に近いと考えられていたことはかなりの可能性で考えられることである。

「ない」が形容詞になることは、以上、述べたことから説明できる。「ない」事実は、たとえ、どれほどに時間が経過したとしても、変化のしようがない。「何もない」などといった時、「ない」ままでは、その内容は変わりようがない。変わるのは、そこに「何かがある」となってからである。そうなったあとは、「ない」では表せない。つまり「ない」ということは時間が経過すると共に内容の変わる動詞にはなり得なかったのである。

一方、「ある」はどうであろうか。以上、述べたことからいえば、「ある」は「あり」の形のままで形容詞に類する語となるのが妥当であった筈である。しかし、「ある」は言い切りが他の動詞と違う以外、活用の仕方は動詞的である。活用変化から考えれば、形容詞ではなく、動詞である。そうなったのは、「ある」という内容からであろう。「ある」ものは変わる。例えば、「家がある」などといった時、その「ある」内容は、「歩く」などと違って、短い時間での目に立つ変化は認められないが、変わる要素のある内容であることでは共通する。つまり、動きのある内容である。そこで、動詞なのである。

このように考えると、「ある」が動詞で、「ない」が形容詞であって、「をかしい」ことは少しもない。むしろ、語の成立過程として、的確に事の内容を捉えているというのが正しいであろう。日本語が理屈に叶った言葉であることが感じられる。

三　日本語の捉え方

1　漢字「峠」

ある日の会話の中で、「峠」という漢字の意味が問題となった。漢字といっても、「峠」は、中国で作られた字ではなく、日本で考え出された、いわゆる国字であって、「辷」「裃」「働」などと同類の字である。泉鏡花が『薄紅梅』の中で、二つの口を上下に並べて間に線を引いた「呂」のような字に「くちづけ」とルビをしたのは一種の言語遊戯であるが、よく知られたことである。しかし、それは鏡花独自の文字であり、その後、使った人がいるという話は聞かない。「囸」（ひと）・「辻」（おしたつ）などといった字は室町時代の文献に見られる文字であるが、これもその後使った例を知らない。漢字は表意文字と呼ばれるが、その呼び名を、誰が作って、何時頃から使われているか知らないが、恐らく、表音文字を使っている人たちの間で、一字一字に意味があるという字を発見した時の驚きからできた呼び名ではないかと想像している。因みに、表意文字を英語でideogramという。「考え（ideo-）＋文字（gram）」という構成になっている。「表意」の傾きが強い。しかし、最近は、表意文字よりも表語文字という呼び名の方が適切であるとして、そちらが使われる。何か、表意文字といえば意味だけを表す文字と理解され易いが、漢字一字は、意味を表すだけでなく、音も表している。それは、漢字一字が一語を書き表すためにできた文字であったからである。そして、その一語を表すという発想からできた漢字の性格を、より正しく捉えた呼び名として、表語文字が適切だとされるようになって来た。

漢字は、それを考え出した人の発想がこめられている場合が多い。それが、国字であると、日本語の捉え方の問題となるから、考え出した面白さがある。前記、泉鏡花の「呂」などは、その典型といってよい。また、国字の中には、とても国字などとは思えないほどの文字がある。「働」などは、その好例である。人が動けば働くになるというのは、いかにも、日本的な発想であるが、それが、日本語の考え方に適合したのであろう、一般的な文字となった。その一方、「囿」「辷」などは実用の文字と全くなっていない。「囿」などは、口の中に舌があるという意味であろうが、その発想の根本に、話すということがあったのであろう。そうなると、多くの動物の中で言葉を持っているからということになり、興味ある文字となるが、広がらなかったのは、それに該当する、より便利な「人」があったからであろう。なお、「人」は立つ姿の象形文字とされるが、これも他の動物とは違う点を捉えたものといってよい。「辷」などは、同意の文字はないのであるから使われてもよさそうに思えるのであるが、この字の当てられた「おしたつ」という日本語自体が余り使われなかったということもあったのであろう。漢字に流行と継続ということがあったことになるが、その点、流行語の中で、ある時期に使われ、更に何世代にもわたって使い続けられるものもあれば、ほんの一時期だけですぐに廃れてしまうのがあるなどとよく似ている。

さて、当日の「峠」の字に関する話題の中心は、或る人が、この字の意味を知らない中国の人（日常、漢字を用いる中国の人でも、日本語を知らなければ、国字の意味が分からないのは当然である）に、どのような意味かを聞いたことに始まる。もともと、「峠」の字は、「山」の中の「上り」「下り」する所の意味でできたと考えられるが、聞かれた中国の人は、「山の頂上」と答えたということである。「山」があり、「下」に「上」を重ねた文字の構成を考えて、山で下から上に登りつめた所ということで、この答えが出たのであろう。漢字に慣れた、中国の人だから、たとえ、この字を知らなくとも、各構成要素を総合して解釈するのは容易であったに違いない。

この字を「山頂」と解釈したことの中に、日本語とは違う発想があるのではないかというのが、その時の話題であった。「山頂」という答えが出た時、それではどういう意味か正確には理解できないとして、更に、その意味を問うた所、山の絵を描き、その頂上を示したという。この捉え方は、その人の示し方そのものに現れているように、絵画的であり、ということは、事物を客観的な視点から捉えているということでもある。その日の話の中では、日本語はそうではないのではないかということになった。例えば、日本語の「峠」の意味を考えると、或る所に行こうと思っている人が、その途中に山を越えるための坂があり、そこを苦労しながら上って行き、そして、下って行く道である。その人が越えて行く過程の道であり、それは紙の上に描かれた傾斜地ではなく、旅する人が辛い思いで辿る道である。つまり、そこを通る人の視点で捉えており、客観的に高い所という意味とは違うということである。なお、現在の国語辞典では、次のような解説になる（引用に際して記述を省略したものがある）。


『広辞林』①阪路の登りつめたる処。②いきほひのきはみ。極度。

『辞苑』①山の坂道を登りつめた所。②きはみ。はて。絶頂。

『大日本国語辞典』①坂路ののぼりつめたる最も高き所。②物事の頂上。危険の極度。

『大辞典』①坂路の登りつめたる所。②上り下りの山の境。路行く人の道祖神に手向けする所。③物事の頂上。物事の極。はて。極度。

『広辞苑』（第一版）①山の坂道を登りつめた所。山の上り下りの境。②尾根の特に低い所を横断する交通路。③山の頂上。絶頂。④物事の頂上。極度。極限。

『広辞苑』（第五版）山の坂道を登りつめた所。山の上りから下りにかかる所。

『大辞林』（第二版）尾根の鞍部を越える山道を登りつめた所。道はそこから下りになる。

『大辞泉』山道をのぼりつめて下りにかかる所。山の上り下りの境目
『日本国語大辞典』（第二版）山の坂道を登りつめた最も高い所。山の上り下りの境目。転じて、山。

『旺文社国語辞典』（第九版）山道を上りつめた、上り下りの境目。

『新明解国語辞典』（第五版）山道を登りつめて、それを過ぎれば下りになるという所。

『現代国語辞典』（第二版）山道をのぼりつめた所で、それを過ぎればくだりになるという所。


地図などで示される場合、「峠」は坂を登りつめた一点を指示していることが多い。それから考えると現行の辞書の記述に問題はない。例えば「十国峠」などは、そこに立てば十国を見渡せる地点として名付けられた名前である。「峠」の語源は旅の安全を祈ってする神への「手

向け」」から来たとされており、これも、神に近い所として最も高い所を選んで行ったであろう。そうとすれば、「峠」は道の中の一番高い所という意味になろう。「暑さも峠を越す」などの慣用句に使われる例も、一番暑い時期を越したという意味であろう。しかし、これとは違う例もある。例えば、東海道の宇津谷峠に関する、『東海道中膝栗毛』の日本古典文学大系の頭注で、「宇津の山」の箇所で「安倍郡と志太郡の境にある山で、その山路を宇津谷峠という」とあり、この場合は、登って行く（或いは下って行く）山中を辿る坂道を表している。

また、次に挙げる「峠」は山を越える坂道である。

此方両豪傑はノッシノッシと峠を登りつつ（立川文庫『猿飛佐助』）

市街へ入るための最後の難所は、西の箱根といわれる日見峠である。良順はこの峠のくだり道で右の足首をいためた、折りあしく駕籠もなく、一歩一歩悲鳴をあげたくなるような痛みに堪えた。（司馬遼太郎『胡蝶の夢』）

日見峠は行けどもつきなき山道だった。…道は右に左に蛇行しながら峠をよじのぼって行く。…峠の頂上には風がさやかに渡っていた。（なかにし礼『長崎ぶらぶら節』）

「道は峠にかかる」などといった場合、それまでの平坦な道から上り坂になることをいうものであって、日本語の「峠」にはその意味もある。そして、そこを登り詰めて見れば、視界の広がる「足柄峠」であり、「乙女峠」であるとして意識されたのではないだろうか。これまで、「碓氷峠」といえば鉄道はアプト式であり、道は屈折した坂道であると思っていた。事実、その坂道の途中には「峠の湯」があるが、この「峠」は最高地点を意味するものではない。「峠の茶屋」という言葉は、夏目漱石の『草枕』や川端康成の『伊豆の踊子』でよく知られている。『伊豆の踊子』は「道がつづら折りになって、いよいよ天城峠に近づいたと思う頃」と始まる話からいうと、「つづら折り」となったと思った段階で「峠」を意識したとすれば、最高地点を指したのではなく、登りにかかった山道と思える。

「峠」が何かにこだわる気はないが、これが、地図上の一点を指し示すものではなく、人がそこを辿りつつ上り下りする過程を意識することのあったのは右に示した例からも確かである。ただ、こう考えて来て、右に示したような辞書の記述をどのようにすべきかが気になる。

「峠」の意味として、「登りつめる」という語が使われることが多いが、この捉え方は、そこを辿る人の立場からなされているものである。もし、客観的な視点からなされるならば、最高の地点という捉え方がよい。そして、この「のぼりつめた」というような、そこを進む人の視点で捉えられるのが、先に示した日本語的な捉え方である。この発想は、前に『国語の論理』

を執筆した際に最初に引用した川端康成『雪国』の冒頭文のそれと同じである。

国境の長いトンネルを抜けると雪国であった。

これは、汽車に乗り、長いトンネルを抜けて行く作者の視点で描写されている。そこでも記した通り、英語にはない発想であるらしく、英訳の際に大変な苦労があり、そこでは列車が長いトンネルを抜けて雪国に入って来た、その情景を作者が眺めているといった視点での英語になったという。合わせ考えると、日本語の物事の捉え方が見て取れる。

次も同様に考えられる例である。

道の辺に清水流るる柳かげしばしとてこそ立ちどまりつれ（『新古今集』夏・二六二。西行法師）

（暑い道を辿って来たところ、道のほとりに清水の流れている柳の木陰があった。少し涼を取ろうと思って立ちどまったのだけれども、余りの気持ちよさに長居をしてしまった）

の「道」も例えば地図上で見るような「道」ではない。そこを作者西行が歩いて来た「道」であって、歩く西行の目の前に現われたのが、清水の流れる柳の木陰であったのである。「道」はそこを移動するものであり、そうである以上、描写の主体はそこを移動し、その視点で捉えられる光景なのである。この歌の内容は、一本の道があり、柳の木があって泉が湧いているといった、一枚の絵で描き出されるものではない。「峠」も、そこに日本語独特の意味があるといえる。

先に一人の中国の人の理解を示した。しかし、一人の意見を基に日中両国語の問題を論じるのもどうかと思ったので、北京から来日し、こちらで中国語を教えている友人に聞いてみた。いうまでもないが、日本語には極めて達者な人である。その人は、「山の頂上」という答えに非常に共感できると言った。そして、恐らく、中国語の考え方で捉えるならば、「山の頂上」が最も素直な考え方ではないかということであった。そこで、「山頂」とはどういう意味かを尋ねた所、山の絵を描き、その一番高い所という解釈を示した。二人の人の意見を基に中国全体を論じるのも行き過ぎた話なので、一応、手許にある『日中辞典』を調べてみた。そこでは、「峠」の意味は、「山頂上・山薫（＝山深い所）」と解説されていた。ここでも、「頂上」の語が用いられている。なお、「峠」の熟語である、「峠の茶屋」は「山頂的茶屋」であり、「峠を越す」は「越山薫」であるという。これは、言葉通りの意味であって、日本語の比喩的な意味はないのであろう。念の為、中国の漢字字典において、「山頂」「頂上」などに、日本語の「峠」に当たる意味はないのかと、それを見ると、「山頂・山顚・頂上」などと解説されており、日本語の「峠」に当たる語釈はない。それを見る限り、日本語の「峠」に当たる概念はないのかと思える。質問した中国の人が、二人ともに、「山頂」と答えたのもその所為かも知れない。

2　「峠」の捉え方のさまざま

中国語以外で、ドイツ語については、ドイツ文学者である縄田雄二氏の教示によれば、「Gipfel」（山頂）・「Pass」（二つの尾根ないし稜線の間の、最も標高が低い所で、山脈を越えるのを可能にする所）などといった語が当たるかという答えであった。やはり「山頂」の発想があるらしい。なお、氏によれば、オーストリア・イタリア国境にある「ブレンナー峠」は「Brenner Pass」と呼ばれるということである。勝手な推測をすれば、通って行く道であり、日本語の「峠」のような上り越えて行く道とは違ったニュアンスを持つ意味であろうか。和英辞典によれば、「ridge」（峰・尾根など、山で周囲よりも高い所）・「pass」（山道・細道。狭い通路）などの語が当てられていた。この「pass」はドイツ語にあった語と同語源であろう。フランス語では、「col」（高く、際だつ所）という語が当たるらしい。これは、英語の「collar」の意味も持つようで、それから臆測すれば、周囲よりも一段高くなった所の意味か。「道」に関した意味では、英語・ドイツ語の「pass」が近いかと思われるが、通り抜けて行く道の意味であれば、日本語にあるような人が上り下りという発想はないのだろうか。日本語の中では、直面する重大な局面を越し、以後楽な状態で事が進む場合の比喩として、「仕事も峠を越す」「暑さも今日が峠だ」などということがあるが、そのような文脈に「pass」という語は使われないようである。やはり、日本語の「峠」は、難儀して通り越す所という、旅する者の体験から出た意味が重要な要素になっているからであろう。

先に述べたように、日本語の中には、話し手の自己体験の意味合いでできた語が多い。平安時代に使われた、「き」「けり」「つ」「ぬ」を始め、多くの助動詞がそうである。

しかし、自己体験に基づく語は、その体験を共有した人でないと円滑な伝達ができない。その意味で、そういう言葉は、或る限られた範囲の社会でのみ使える言葉である。時代が経ち、それぞれの人の生活の場が広がるにつれて、異なる体験をする人とのコミュニケーションが行われるようになる。その時は、微妙なニュアンスを諦めるか、共有できる別の語を用意するかしなければならなくなる。果たして、「峠」がどうなるか、使用の場が広がっている語であるから、恐らく、その憂いは無用であろうと思うが。

3 「峠」の成り立ち

最後に、「峠」の語誌に触れてみたい。

「とうげ」は、旅行者が旅の安全を祈り神に供え物をした「手向け」から転じた語と考えられ、次の『堀川院百首』にある例が古いものであったらしい。

足柄の山のたうげにけふ来てぞ富士の高嶺の程は知らるる（『堀川院百首』）

（足柄の山の峠に今日来て自分が高い所に立って見て、初めて富士がどれほどに高い山なのか実感した思いである）

現在の足柄峠であるが、『風土記』（常陸国）には「相模の国足柄の岳坂《やまさか》より東の諸の県は惣べて我姫の国と称ひき」とあり、東国から上京する道の記で始まる『更級日記』でも「足柄山といふは、四五日かねて、おそろしげに暗がりわたれり」と「峠」の語は使われず「やまさか」もしくは「やま」である。なお、『更級日記』では、更に東に進んで、現在の日坂峠を越えるが、ここも「さやの中山」と「山」と捉えている。現在の所、その程度の語誌しか分からない。なお、国字「峠」の初出が何時であったか、調査は行き届いていない。

四　話し手の位置

1　「遅く」の意味――古語と現代語

二郎君、陸奥守倫寧の主の娘の腹におはせし君なり。道綱と聞こえし。大納言までなりて右大将兼け給へりき。母君、きはめたる和歌の上手にておはしければ、この殿の通はせ給ひけるほどの事・歌など書き集めて『かげろふの日記』と名付けて世に広め給へり。殿のおはしましたりけるが、門を遅く開けければ、度々御消息言ひ入れさせ給ふに、女君、

歎きつつひとり寝る夜の明くる間はいかに久しきものとかは知る

いと興ありと思し召して、

げにやげに冬の夜ならぬ真木の戸も遅くあくるは苦しかりけり

（『大鏡』兼家伝。古典の引用は新旧の日本古典文学大系を中心にする。ただし、表記については私意により改める。）

（御次男は、陸奥守倫寧公の娘を母とした方である。道綱と申し上げた。大納言まで昇進し右大将を兼任なさった。母君は、非常に和歌がうまい方でいらっしゃったので、この殿が夫として通

っていらっしゃった間の事件ややりとりの和歌など書き集めて『かげろふの日記』と名付けて世に広めなさった。殿がいらっしゃったのに、門をその時に開けなかったので、何度も来た旨を御告げになった時に、女君の歌は、

毎晩のように歎きを繰り返し寝ている夜の明けて行く間はどんなに長いものかあなたにはお分かりになりませんね

面白いことをいうなとお思いになって、

本当にあなたの言う通りです。冬の夜ではなくても、門を閉ざす真木の戸もいつまでも開けてもらえないのは苦しいものです。あなたの経験した苦しさもさぞやと思います。）

兼家は藤原兼家、道長たちの父親である。つまり、道綱・道長は異母兄弟になる。兼家と倫寧の娘、即ち、道綱の母とは余り仲がよくない。兼家には妻として道長たちの母親に当たる女性がいたし、それよりも密かに通う町の小路の女もいた。道綱の母は家に残された手箱の中に、その女に出すとおぼしい歌を見つけたりしている。そういう時、彼女は、知らぬふりをしたり、それとなく当てつけたりするのではなく、見たと知らせようと、「疑はしほかに渡せるふみ見れば我や途絶えにならむとすらむ」（この先どうなることか、ほかの女に渡した文を見ると私の所とは縁切りになろうとしているのだろう）と書き付けておくということをした。なかなか

来ない兼家に来訪を催促すると、久しぶりに現れ、しかし、夕方には、「内裏に用事があるのを思い出した」と出かけていく。その後を家の者に付けさせると、兼家の行った先は町の小路の女の家であった。この歌の詠み交わされた事件があったのは、その二三日後のことである。その時、兼家は来てはみたけれども、なかなかに門を開けてくれない。何度も早く開けるように催促した結果、この歌のやり取りがあった。

右の文で、「遅く開けければ」を「その時に開けなかったので」と訳し、「遅くあくる」を「いつまでも開けてもらえない」と訳した。原文の「遅く開け」のそのままを訳文にすれば「開くのが遅い」の意味になるのに、訳文の「その時に開けない」とすると、全く開かないことになる。「遅くあくる」と「いつまでも開けてもらえない」も同じ関係になる。この訳し方は果たして正しいのか。そして、もし、そうであるとすれば、この「遅く」の意味が古語と現代語でどう違うのか。ここでは、それを問題としたい。

『大鏡』では、このようにあった話が、『かげろふ日記』では、

されればよと、いみじう心憂しと思へども、いはんやうも知らであるほどに、二三日ばかりありて、暁がたに門を叩く時あり。さなめりと思ふに、憂くて開けさせねば、例の家とおぼしき所にものしたり、つとめて、なほもあらじと思ひて

（やはり内裏に行くというのは嘘で、女の所へ行ったのだと、大変に腹立たしく思ったけれども、どう言おうか分からずにいると、二三日経って、暁がたに門を叩く時があった。殿のお出でと思うけれども、癪なので門を開けさせないでいると、いつもの女の家と思われる所に行った。翌朝、それでも、放っておくわけにも行かないと思って）

とあって、歌のやり取りが続く形になる。

『大鏡』のような、後の時代に書かれた物と違い、『かげろふ日記』は本人の書いた物であるから、一方からの見方とはいっても、真実に近いであろう。そして、この二つの文を比べた時、『大鏡』で「門を遅く開けければ」が、『かげろふ日記』では「開けさせねば」と、はっきり開けなかったとしている。つまり、「門を遅く開けければ」は、門を「開けさせねば」に当たる言い方なのである。

2　「遅い」の語義

「遅い」の語義は、現代語では「実現が思っていたよりも後の時間になっている」とでも捉えられようか。しかし、古語の場合は、多くの辞典で説かれるように、「まだ…となっていない」の意味で使われたことになる。これは、現代語では予想されない意味であるが、『大鏡』

の例もその意味での表現と考えれば、『かげろふ日記』との内容の違いはない。

昔、紀有常のがり行きけるに、歩きて遅く来ければ、詠みてやりける。

君により思ひ慣らひぬ世の中の人はこれをや恋といふらむ（『伊勢物語』三七段）

（昔、紀有常の許に行った時に、いつものように外出していて帰って来なかったので、詠んで送った。

あなたとお付き合いをしているうちに、この思いには慣れてしまったのだが、世の中の人はこれを恋と言っているのだろうか）

在原業平は、紀有常の娘の許に通っていたので、この話はその一場面か。或いは、そう解釈するのは、文中の「恋」という語に引かれ過ぎているのかも知れない。いずれにしても、この「遅く」は、業平がそこにいる間には訪問の相手となる人が帰って来なかったことをいうものである。

「遅く来けり」は、その時点で「遅く」であるから「来ていない」ということになる。描写の視点は「遅く」と捉えた時点にある。その時点で「遅く」というのであるから、「来ていない」の意味になる。古語では、判断の時点（話し手のいる立場）でのことが問題になるので、その後で来たかどうかは問題ではない。「遅く開けけり」も同様に「遅く」はその時点で開けなかったのであって、描写の視点は「遅く」と捉えた時に置かれている。これは、「開けない」ことになる。これが古語「遅く…」の意味を決めたことになるのである。一方、現代語の場合、「彼は遅く来た」といった時、「来た」のがある時間よりも後ではあるが、結局は「来た」ことを述べている。これは、「来た」の時点に視点が置かれたからであって、「遅く」の時点が問題となる古語との違いである。

ある時間にそうなっていないということでは、古語と現代語とで共通している。しかし、「遅く」という時点に視点を置く古語と、視点をずらし、どうであったかを述べる現代語との違いがあり、それが「遅く…」の意味に違いをもたらす原因となったと考えられる。

八月中の十日ばかりに、雨のそぼ降りける日、女郎花掘りに藤原のもろただを野辺に出だして、遅く帰りければ、つかはしける

暮れ果てば月も待つべし女郎花雨やめてとは思はざらなむ（『後撰集』秋中・二九四。左大臣）

（八月の二十日過ぎに、雨が小降りであった日に、女郎花を掘りに藤原のもろただを野辺に出したところ、予定した時間に帰って来なかったので、詠んで送った

暮れきってしまうと月の出るのも待つ気になるに違いない。女郎花を掘るのを、雨が止むのを待

ってとは思わないで欲しい）

月の二十日であるから、日が沈んでから月が出るまでに現在の時間でいえば三時間ほどの間がある。それまで待つのは辛いことだったのであろう。

親のほかにまかりて遅く帰りければ、つかはしける

神無月時雨降るにも暮るゝ日は君待つほどは長しとぞ思ふ（『後撰集』冬・四六一。人のむすめのやつなりける）

（親が外出して、もう帰るかと思う時間に帰って来なかったので送った

十月の時雨が降るにつけても暮れる日はあなたを待っている時間は長いと思います）

右の二つの例とも、「つかはしける」という行為は、まだ帰って来ない時点で行われている。その段階で、「遅」かったことを表す言葉であったが、これが、現代語の「遅く帰ってきたので」となると、「つかはしける」の時点が、実際よりも後の事になってしまう。そのため、現代語で古語の表す内容を捉える場合「待つ時間には帰って来なかったので」とせざるを得ない。

前栽に紅梅植ゐて、又の年遅く咲きければ

宿近く移し植ゑてしかひもなく待ち遠にのみ匂ふ花かな（『後撰集』春上・一七。藤原兼輔）
（前栽に紅梅を植えて、翌年なかなか咲かないので
せっかく家近くに持って来て植えた甲斐もなく、花は私に待ち遠しい思いをさせるだけである）

右に示した解釈とは違い、「翌年、遅く咲いたので、……花はお待ち遠様というように咲く」とする解釈もある。しかし、「待遠に」の語は、

郭公来ゐる垣根は近ながら待ち遠にのみ声の聞えぬ（『後撰集』夏・一四九。よみ人知らず）
（郭公が来て止まっている垣根は近いけれども待ち遠しく思うほどに声が聞こえて来ないことだ）

かの人は、たとしへなくのどかに思ひおきてて、待ち遠なりと思ふらむと心苦しうのみ思ひやりながら（『源氏物語』浮舟）
（薫は、ほかの人にはないほどに暢気に考えていて、いくら待っても来ないと浮舟が思っているだろうと、申し訳なく思っているままに）

というように使われている。「声の聞えぬ」とあることから、「早く来ないか、早く来ないか」と実現しないことへの苛立つ思いであるし、『源氏物語』の例は、来て欲しい薫を待っている浮舟の心である。それを考えると、「待ち遠にのみ匂ふ花」は紅梅の花は実際には咲かず、た

だ私を苛立つ思いにさせるだけの姿しか見せないと解釈するのがよいのではないか。「匂ふ」は人日を惹くほどに美しく咲くの意味であるが、実際に咲いていない様を「待ち遠にのみ匂ふ」とした表現の面白さがある歌と考えるべきではなかろうか。また、そう解釈することで「のみ」の語が生きて来るようにも思う。

「遅く咲きければ」はまだ咲いていない姿を表す語であって、咲く時期が遅かったというのではない。

遅く出づる月にもあるかなあしひきの山のあなたも惜しむべらなり（『古今集』雑上・八七七。よみ人知らず）

（待ってもなかなか出て来ない月であることだ。山のあちら側でも月がこちら側に移って来てしまうのを惜しんでいるに違いない）

早くと待っていて、月が出ない様を詠んでいる。この「遅く」も「…しない」の意味である。次の諸例も同様に実現しない事態を述べたものであり、古語「遅し」の捉え方が現代語とは異なる点のあったことが理解できる。

花散ると厭ひしものを夏衣たつや遅きと風を待つかな（『拾遺集』夏・八二。盛明親王）

（春には花が散るからと嫌ったけれども夏衣を裁って着たと同時にまだ吹かないのかと風の吹くのを待っていることだ）

みな人の惜しむ日なれど我はただ遅く暮れ行く歎きをぞする（『拾遺集』恋下・一二三八。よみ人知らず）

（みんなが暮れるのを惜しむ日であるけれど、自分はあの人の来るのを待ってなかなか暮れて行かない歎きをしていることだ）

頭の君、まめやかに、「遅し」と責め給へば、何事をか取り申さむと思ひめぐらすに（『源氏物語』帚木）

（頭の君は、真面目に「早くしなさい」とお責めになるので、何事を取り出そうかとあれかこれかと考えていると）

次に示す例は、通常、「まだ…とならない」の意味には解されていない例である。しかし、以上の事から考えると、そのように解釈してもよいのではないかと思える。勿論、通常の解釈に従うのがよいとも思えるのであるが、一つの可能性として敢えてそうしてみたい。

春や疾き花や遅きと聞き分かむ鶯だにも鳴かずもあるかな（『古今集』春上・一〇。藤原言

直）
（春は既に来ているのか、それでも梅の花はまだ咲かないのかと、その声を聞いて判断しようと思っている鶯さえもまだ鳴かないでいることだ）

「春が早いのか、梅の花の咲くのが遅いのか」が通常の解釈である。敢えて示した解釈とで、言葉での捉え方は違うが、花の咲かないことを述べている点での違いはない。

遅く疾く色づく山の紅葉葉は遅れ先立つ露や置くらむ（『後撰集』秋下・三八一。在原元方）
（時が来てもまだ色づいていなかったり、既に色づいていたりとなる山の紅葉葉にはまだ置かなかったり既に置いたりという、あの「遅れ先立つ露」が置いているのだろうか）

「色づくのが遅かったり早かったり」とするのが通常である。この場合も、「遅く」はまだ色づかない、「疾く」はもう色づいているという意味であるから、何が起こっているかの違いはない。

なお、「遅し」の対義語「疾し」「早し」は、「遅し」の反対で、「既に…となっている」の意味で使われることもある。

集合時間に人が来ない時、「彼、遅いね」などと使う。今に至るも彼来たらずの内容であるから、この「遅い」は、古語の「まだ…となっていない」の意味に通じる内容ともいえるが、これを言う我々の感覚に、「彼はまだ来ていない」という意味はない。「彼は遅く来た」という表現も、予定した時間に彼は来なかったという事実があるが、言葉の表す内容は、「彼は予定した時間よりも後に来た」である。「遅く来た」の現代語に、「その時に来ていなかった」という、「来る」を打消すような古語の意味は含まれていない。更にいえば、最初に示した『大鏡』の「門を遅く開けければ」の例でいえば、『かげろふ日記』から確かめられるように、事実は最後まで開けなかった。そのまま現代語に直して、「門を遅く開けたので」とすれば、時間がかかりはしたが、結局は開けたことになる。しかし、開けなかったのであるから、「開けた」の内容はない。古語「遅し」と現代語「遅い」との違いといってよい。それでは、この違いはどこから生まれるのだろうか。

3　判断の基準

「当時」「当人」「当日」などの語は、同じ語形で古語でも現代語でも使われる。しかし、意味を考えると、それぞれ、古語では「今」「この人」「今日」となり、現代語では「その時」「その人」「その日」となり、同じではない。「当…」という語は、古語では今ここで話をしている、「この」の意味になるが、現代語では、話の中で話題になっている、「その」の意味になる。

これを、「当人」を例にすると、古語では「今、ここにいる人」であり、今その場にいる人もいう。現代語では「話題になっている、その人」であって、その人は直前の話題になった人であり、その場にいなくともよい。つまり、判断の基準が、古語では話し手の立つ場にあるのに対して、現代語の場合は、そこでの話題に応じるものである。言い換えれば、古語の場合は、判断の基準を今に置き、そこから動かないのに対して、現代語の場合は、話の内容に応じて、動かすことができるということである。「当時（古語の「今」、現代語の「その時」）」「当日（古語の「この日。今日」、現代語の「その日」）も同じである。

「遅し」「遅い」もまた、これと同じなのではなかろうか。『大鏡』の例は述べた通りに、兼家がいる間は門を開けていない。『伊勢物語』の「歩きて遅く来けるに」の例では、話の主人公のいる間は帰って来なかった。『後撰集』の「遅く帰りければ、つかはしける」の例も、歌の作者の待つ時には帰らなかった。話を進めている、その時までに実現していないので「遅し」といったのであって、そこから「…ない」の意味となった。それに対して、現代語で「遅く来た」は、「来た」のが予想した時よりも後であったことをいう。「遅く」と認識した時の判断（そのため、古語では「来ない」の意味になる）ではなく、「来た」時点での判断なのである。つまり、叙述の基準がずれ、そのずれた基準において述べるものであるために、違いが出て来るのではないだろうか。

繰り返しになるが、「彼は遅く来た」という時、叙述の視点は「来た」に置かれると考えられた。「来た」と述べているのであるから、事実は「来た」である。ただ、それに「遅く」という語を加えることで、「来る」のが、それが期待された時よりも後であったということであった。この「彼は遅く来た」を時の流れの中に置いてみよう。この場合、「彼の来る」のを待つ人がいる。待つ人は、或る時点で、「彼は遅い」と感じたに違いない。そして、「来た」のは、その時点よりも後である。それを「遅く来た」という。「遅く」という判断は、「来た」時点に視点をずらして述べている。つまり、話し手の視点は、「遅く」と感じた時を離れている。

古語の「遅く来けり」であると、「来けり」（来た）という事実があって、それが「遅く」（或る時間より後になって）なのではない。そうではなくて、「遅く」と考えられた時が基準となって、その時に「遅く」であるから、「まだ来ていない」ことになる。後に「来けり」と続いてはいるが、「遅く」といった時点では、「来ていない」のである。このように、古語では、話し手の視点は「遅く」に置かれた。その視点の違いが古語と現代語との間の意味の違いをもたらしたと考えられるのである。

古語の「遅く」は、しばしば「なかなか…ず」の意味で解釈される。この「なかなか」は待つ思いから来るじれったさを表すもので、古語の描く世界にできるだけ近づけようとする操作の結果であって、「遅く」の語義に深く関わるものではない。その解釈だけを見た時、古語と現代語とで、語の意味に違いがあるように見えるのであるが、語の基本義としては、「実現が予想された時よりも時間的に後である」ということで違いはないのではないか。ただ、どこに基準を置くか、それが違うことで意味の違いが出たと思える。そして、そう考えるとすれば、この違いは、前に述べた「当…」の場合と共通しているといってよい。

現代語の我々の感覚では、「遅く帰って来た」のような場合、全体で一つの事態を表し、その中で個々の語がそれぞれの役割を果たすというように捉える習慣ができているように思える。それはそれで当然であるが、古語の場合、個々の語が、独立して表現に関わって行く、そのような性格があると思える。それは、以下の章で述べる、格助詞や助動詞の機能の際にも考えられることでもある。

五　具体から抽象へ

1　時間空間的から時間的・空間的へ

彼もやがて来るでしょう。

卒業してやがて三十年になる。

去って行く彼の姿はやがて深い霧の中に隠れて見えなくなった。

現代語では、「やがて」は右のように使うのが普通である。つまり、基準となる時があってから、それほどの時間も経たずに、次のことが起こるという意味であって、時間の意味で使う語といえる。

古語の中には次のような例がある。

箱に入れ給ひて、ものゝ枝につけて、御身の化粧いといたくして、「やがて泊りなんものぞ」とおぼして（『竹取物語』）

（箱にお入れになって、木の枝につけて、御自身の化粧もよくして、「このまま、もう今にも泊ることになるのだ」とお思いになって）

かぐや姫は、唐にいるという火鼠の皮衣を求めて来れば結婚すると、安倍の右大臣に約束する。そこで、右大臣は、やっとのことで手に入れ、これで自分がかぐや姫の夫になると勢い込んで訪れた場面である。『竹取物語』をまとまった作品として読んだのは、高校一年での古典の教材としてである。当時は、古語辞典などという便利な物は手に入らなかった。学習用古語辞典の最初ともいうべき『明解古語辞典』が刊行されたのは一九五三年であり、『竹取物語』を読んだのはそれより二年前のことであった。小学校時代から、語の意味を辞書で調べるな、自分の頭で考えろと教室で言われていて、それを守ったわけではないが、「やがて」を現代語と同じに考えて、「間もなく自分はこの邸に泊るのだ」と解釈してしまい、古語では時間の意味だけではなく、「このまま」「そのまま」のような意味もあり、注意しなければならないと教わった。

断片的に、しかも、筋だけを考えて読むことは中学生からあったが、一冊の古典を通して、このように一語一語に気をつけながら読むなどは高等学校に入っての『竹取物語』が最初であった。古語の「やがて」を理解した最初の例といってよい。

薬も食はず、やがて起きもあがらで、病み臥せり。(『竹取物語』)

(薬も食わず、すぐにそのまま起きあがることでもできずに、病気になって横になっていた)

かぐや姫が月の世界に戻った後の竹取の翁・媼の様子を描写した文である。姫の残した手紙も読まず、姫から贈られた不死の薬を飲もうともせず、病気になってしまったという場面である。これも、「間もなく」の意味ではなく、「そのまま」という状態の意味を落とすわけには行かない。

秋かけていひしながらもあらなくに木の葉降りしくえにこそありけれ

と書きおきて、「かしこより人おこせば、これをやれ」とていぬ。さて、やがて後、つひに今日まで知らず。（『伊勢物語』第九六段）

（秋になったらと約束しましたが木の葉が一面に降りしいた浅い江のような浅い御縁でしたと書き置いて、「あの人の所から人が来たならば、これを渡してくれ」といって去った。その後すぐに、そのままになってその女性がどこに行ったのか、今日になるまで分からない）

結婚を約束した女性が、それが知られたことで悪い噂が立ち、兄の許に引き取られた話である。男が尋ねても、女はどこかに去ったまま、分からなくなっているという意味であり、「間もなく」などの時間の意味では話が理解できない。

やがて御覧ずれば、いと、すぐれてしもあらぬ御手を（『源氏物語』梅枝）

（その場ですぐに御覧になると、たいへんすぐれてもいない御筆跡を）

源氏が蛍兵部卿宮の持参した冊子を見て、その味わいの深さに感嘆した場面である。冊子を受け取った源氏がそれを見る場面であるが、「間もなく」の意味でなく、「すぐにその場で」という意味であることは勿論である。

ある時には、大殿籠り過ぐして、やがてさぶらはせ給ひなど、あながちに御前さらず、もてなさせ給ひしほどに（『源氏物語』桐壺）

（ある時には、お寝過ごしになって、すぐにそのままお側にお置きになるなど、無理にも、御前からいなくならないように寵愛していられたうちに）

桐壺帝が桐壺更衣を過度に寵愛する場面である。これも「間もなく」だけでなく、「そのまま」の意を付け加えるのがふさわしい。

おぼし出づること多くて、靫負《ゆげひ》の命婦《みやうぶ》といふをつかはす。夕月夜のをかしきほどに、いだしたてさせ給ひて、やがてながめおはします。（『源氏物語』桐壺）

（お思い出しになることが多くて、靫負の命婦という女性を使者としてお出しになる。夕月夜の趣き深いころに、使者に出立させなさって、命婦の出かけた後そのまま外を眺めていらっしゃる）

更衣の死後、後に残された母親の見舞いに、靫負の命婦を使者として遣わした場面である。月は、過去を思い起こす気持をかき立てるもとであり、月にいっそうの思いを駈り立てられて、帝は、その後、時をおかずそのまま回想にふける。

このような例を見れば、「やがて」が現代語で使うような「程もなく」「それほど時間も経たないうちに」などの時間の意味だけでなく、状態の意味をも表していることが分かる。

このように、「やがて」の語は、古語と現代語とでは意味が異なっている。そして、この違いは、片方が、「時間・状態（空間）」の意味を持っていたのに対し、片方が時間に重点を置いた意味であったということである。この古語の表した、時間空間を兼ね備えた意味というのは、言い換えれば、具体的な様子を描いていたということではないだろうか。例えば、『竹取物語』の「火鼠の皮衣」の話では、そのままそこに居続けるということである。「かぐや姫の昇天」の話では、翁・嫗の二人が心痛の余り動けなくなった様を描いている。『伊勢物語』の例もまた、「去ってから今日まで」の様子を描いたものであるし、『源氏物語』の各例もまた同様である。「梅枝」の例は、「すぐに、その場で」という解釈も考えられ、時間の意味も加わっているといえるが、それとても、その場の情景を描写しているものであることに変わりはない。更にいえば、具体的な情景描写ということは、状態を描くだけではなく、その状態が進行するという意味で時間の意味も加わっているということである。この世の情景である限り、空間・時間双方の意味が同時にある筈であって、空間、または、時間、片方の意味だけということはあり得ない。その点で、古語の中で描かれる世界は、この世の情景をありのままに、言い替えれば具体的に描いているといえる。
現代語では、次のような言い方をする。

昌造は、母親と顔を合はせる気になれなかつた。すぐに自動車を呼んで貰つて、奥へは行かずにそのまゝまた内玄関から飛び出して了つた。（里見弴『安城家の兄弟』）

の文では、「すぐに…そのまゝ」と、時間を表す「すぐに」、空間を表す「そのまゝ」が同時に使われている。現代語では「すぐにそのまゝ」「やがてそのまゝ」など二語を併用することが多いが、これは、時間の意味、空間の意味が別個に捉えられているからにほかならない。先に述べたように時間だけの世界、空間だけの世界というのは、この世の中にはあり得ないのであって、それだけ現代語の捉え方が具体性を離れて抽象的になっているといえる。そこにも、古語と現代語とでの捉え方の差があるといってよい。

2　例えば動詞「渡る」

例えば、「渡る」という動詞がある。現代語では、それまでいた位置から、間にあるものの
を越して他の位置へ移るという意味の語といってもよかろう。空間的な意味の語である。古語の場合も、この空間的な意味はある。

桜田へ鶴鳴き渡る年魚市潟《あゆちがた》潮干にけらし鶴鳴き渡る（『万葉集』三・二七一。高市黒人）

（桜田の方へ鶴が鳴いて渡って行く。年魚市潟では潮が引いたらしい。鶴が鳴いて渡って行く）

龍田河紅葉乱れて流るめり渡らば錦中や絶えなむ（『古今集』秋下・二八三。読人知らず）

（龍田河では紅葉が散り乱れてあちこちと流れているのが見える。渡って行ったならば錦模様も途中で断ち切られてしまうのではなかろうか）

前者は「鶴が鳴いて渡って行く」情景、後者は「渡って行ったならば」の情景をそれぞれ描写している。敢えて「渡って行く」「渡って行ったらば」と訳したが、「渡る」行為のみを示すのではなく、それが行われる情景も必要だったからである、これが、当時の動詞の用法で、或る具体的な場面を描写する形で使われる。

更に、時間の意味で使われることもある。

ありさりて後も逢はむと思へこそ露の命も継ぎつつ渡れ（『万葉集』一七・三九三三。平群氏の女郎）

（このまま時を過ごして後も逢いたいと思っているからこそ露のようなはかない私の命もつなぎつなぎし続けているのですが）

奥山の樒《しきみ》が花の名のごとやしくしく君に恋ひわたりなむ（『万葉集』二〇・四四七六。大原今城）

（奥山の樒の花の名のようにしきりにあなたに恋い続けて行くことだろうか）

恋ひわたる身はそれなれど玉かづらいかなる筋をたづね来つらん（『源氏物語』玉鬘）

（亡き夕顔を恋い続けている自分の身は昔のままであるけれども、玉鬘はどのような縁を辿って親ではない自分の許に来てくれたのだろうか）

通常、時間の経過として捉えられる例である。しかし、これを時間の意味と捉えるのは、時間・空間と区切って捉える、我々の習慣があるからであって、右に挙げた例も、「恋ひ渡る」（恋い続ける）として、「渡る」は時間の意味だけのようにも見えるが、この複合された形は「思っても叶わない苦しい思いを持ち続ける」という具体的な内容であることが分かる。つまり、「渡る」の場合も、古語に於いては、時間空間の意を備えた具体的な描写として使われたものが、現代語の中では、空間の意味に重点を置いて使われるようになるように変わったのであって、時間を切り離して空間の意味だけとするのは、やはり、抽象的な思考の現れといってよかろう。

3　動詞一般

古典を学び始めた頃、解釈の際に、動詞の後に「…ている」などの語を付けるのがいいと言われた。例えば、「桜の花の散るを詠める」（『古今集』春下・八四）「桜の散るを詠める」（同・八六）などの例で、「散るのを詠んだ（歌）」とせずに、「散っているのを…」のようにするということである。これは「桜の散るのを詠んだ」とすると、これは、「桜の散る、一般的現象を詠んだ」「これから桜の散るのを詠んだ」等の意に解される懸念があるからである。「桜の散るを」は、今目の前に花が散っており、それを表すには「…ている」を付けるのがよいという配慮なのである。つまり、古語の動詞には、動詞の表す、どういう動きかということと、それが何時のことかの意味があり、現代語では、その後者がなくなる傾向があるからである。そのやり方からいけば、「歎きつつひとり寝る夜の明くる間はいかに久しきものとかは知る」（『拾遺集』恋四・九一二。右大将道綱母）の「寝る」は「寝ている」であり、「明くる」は「明けて行く」である。古語と現代語との動詞の違いである。

「花散る」となれば「散る」は終止形であり、基本形である。基本形であるということから、現在形ということになろう。以上、見た例からいえば、古語の場合はそれが当てはまる。

しかし、そうであるならば、古典を現代語に訳す際に、「花の散るのを詠んだ」「ひとりで寝る夜の明ける間は」のようにせずに、何故、殊更にそれが今のことと示す語を補わなければならないのであろうか。

現代語を考えるとき、終止形を現在形とはせずに、近未来を表すなどということがある。近未来とは、今はそうなっていないが、近い未来にはそうなるの謂いである。例を挙げてみよう。「彼が来る」のようにいった時、今、向こうから彼が来るのを見ていう場合がある。この場合は、現在というのに当ろう。しかし、次のような場合もある。「もうすぐ彼が来る」「きっと彼が来る」「明日になれば、彼が来る」は、「もうすぐ」「きっと」「明日になれば」などの語から明らかなように、彼の来るのは「先」のことであって、今はまだ来ていない。つまり、「来る」という終止形は、そういう、これから先のことにも使われる形である。だから「来る」を、「もうすぐ」「きっと」「明日になれば」などの語と併用できるのである。つまり、「来る」は実現していない内容を表す言い方でもあったのである。なお、今のことを「来る」というのは、会話で使う場合であり、実際の場面を前にしての表現である。

「花が咲く」は、今、咲いているのであれば、「飛鳥山の桜が咲いている（咲いた）から見に行こう」はいうけれども、「…咲くから見に行こう」であると、咲いていないのに何故行くのかと問い返されそうな感じがする。つまり、「花が咲く」はまだ咲いていない意味に受け取られる。咲いている花を指差して「あそこに、花が咲く」ということも、桜の場合はない。そこは「彼が来る」とは異なる点である。その違いは、「来る」は、その動きを目で捉えることができるのに対して、「咲く」はできない。古語の話になるが、「散るを詠める」的な言い方は、先に示したように、歌集の詞書などで見ることができるが、「咲くを詠める」的な例を見かけることがない（この場合「咲けるを詠める」が通常である）。「咲く」の特殊性ともいえる。それに対して、「花が散る」は、その動きが目で確かめられるので、風で散る花を見て、「花が散る」ということがある。「咲く」と「散る」との違いである。しかし、それは現実を目の前に置いての会話であって、そのような会話でないと、現在のことには限らないこと、「咲く」と「散る」の二語で変わりはない。いずれにしても「散る・咲く」のような語であっても古語と現代語とで違いがあるが、その違いは表す内容が具体的か抽象的かから生じたということができる。古語の中での例は他にも多いが、次のものも同じである。

格子もあげながら、いとかりそめにうち臥しつつ明かし給へば、この花の開くる程をも、ただ一人見給ひける（『源氏物語』宿木）

（格子も上げたまま、少しの間だけ横になるという姿で夜を明かしなさるので、この朝顔の花の開いて行く時も、薫は大君を追憶しつつただ一人で御覧になっている）

この「開くる」も「開いて行く」が相応しい。なお、先に桜の咲いて行くのを見るのはできないとしたが、朝顔はそうではない。

鐘の音の絶ゆる響きに音を添へて我が世尽きぬと君に伝へよ（『源氏物語』浮舟）

（鐘の音の絶えて行く余韻に私の泣き声を添えて私の命は終わりましたと母君に伝えてください）

薫・匂宮の二人の愛に挟まれ苦しんだ浮舟が死を決意した時の歌である。「絶ゆる」は鐘の余韻が小さくなって行くことを示しており、この「絶ゆる」もまた「絶えて行く」の意味である。

散りぬれば恋ふれどしるしなきものをけふこそ桜折らば折りてめ（『古今集』春上・六四。読人知らず）

（散り始めてしまったので散らぬよう恋い慕ったところで何の効果もないものなのに、それが今日のうちならば桜を折るならば折ることができるだろうに）

「散りぬれば」は已然形に「ば」が付いているので、確定条件に解釈するのが原則であるが、従来「散ってしまえば」と仮定条件のように解釈されて来た。しかし、この意味は確定した内容を表わすという已然形の働きとは合わない解釈である。何故、そのように解釈するかといえば、次のような理由からであろう。「散りぬれば」を已然形本来の意味で解釈すると、「散ってしまったので」となり、これでは桜の花は残っていなくて、下の句の「折るならば折ることができるだろう」と矛盾することになる。仮定条件であれば矛盾することはない。確定条件であるべき已然形を曲げて仮定条件にするのはそのせいであろう。しかし、已然形を仮定条件にするのは無理なのではないか。問題の一つは「ぬ」は「完了の助動詞」とされるが、この「完了」をどう解釈するかである。「完了」と名付けたことで、その前に来る動詞の内容が完了したと考えられ易い。しかし、「完了」というのは、分類上の便宜的な名目であり、この名があるからといって、これはもう完了したと考えることはない。右に示した現代語訳では、「しまう」と「完了」の名に沿った解釈を選んでいる。そこは大きな問題がないと思える。ただ、この解釈が他の解釈と違うのは、「散る」をどう捉えたかである。「散る」の意味は、花びらが枝から離れることをいうのであるが、桜などでは、一部が散ってから全部が散るまでに幾らかの時間がかかる。その散り始めから散り終わりまでが「散る」である。つまり、散るという事は一時に了るものではなく、時間の幅がある。その意味での現代語訳が右に示したものである。「散りぬれば」は、「散ってしまったので」「散り了ったので」ではなく、「散り始めることになってしまったので」であってこの解釈は十分に可能であるし、こうすれば、已然形は確定条件という本来の意味に解釈しているし、歌全体の意味も、無理のない解釈となっていると思う。

古語の場合、ここで示した例でいえば、「散る」「寝る」「明く」「咲く」「絶ゆ」等であるが、いずれも、その表す内容が今起こっているの意味で使われていた。動詞の表す動きの意味と共に、その中に時間の意味も含んだ形で使われている。そして、ここに挙げた例に限って見られることではなく、他の動詞にも同様のことがある。つまり、動詞を何の限定もなく使えば、それは眼前に展開される光景の描写という、空間・時間双方の意味を兼ね備えた内容であったのである。一方、現代語では、今のことであれば、動詞にそれを示す語、例えば「…ている」などを付ける。過去のことであれば、それを示す語を使い、更に動詞にはその事があったと確認したという意味の「…た」または「…ている」などを付ける。今より後（未来）のことであれば、動詞と共にそのことは未来のことであるという語を使うことになる。未来のことはまだあったと確認されないことであるから、「…た」を付けず、逆に「…た」を使わないから、その動詞の表すことは、それまでにあったことにはならず、それであるから他に未来であることを示す語を用いさえすれば、未来のことになるのである。

現代語でこのようになるのは、時間の意味は動詞とは別に表す必要があるということであり、動詞に時間の意味を託すことがないということである。

古語の動詞には時間・空間の双方の意味があった。それは、言い換えれば、現実に即した具体的な表現ということである。現代語では、事の内容は表すけれども、時間の意味はないものとなった。古語の表す内容が具体的なものであったのに対し、現代語で表す世界は現実を離れた抽象的な世界ということができるのである。

第二章　事実と表現の関係

一　受身の相手を敬う――「受身・謙譲」の言い方

　むかし故太閤が、中国の毛利を討つべく信長公から諸将をあずかり、姫路城のさきまで踏み出しておられた。その時、本能寺ノ変がおこり、信長公は明智光秀のために弑《しい》され奉った。故太閤はすぐ軍をかえし、山城の山崎で光秀の大軍をやぶって天下取りの石段を一挙に駈けのぼられた。そのとき与力大名小名は、ことごとく故太閤の家来同然になり、やがては家来になって、いまの豊臣家がある。（司馬遼太郎『関ヶ原』明日）

関ヶ原合戦を前にして、徳川家康は天下の反乱者であるとして上杉景勝を討つ兵を進める。それが、ゆくゆくは豊臣を滅ぼす第一歩だったわけであるが、その頃、家康の家臣の間では、先々、豊臣との合戦になった時にどれほどの者が家康方に味方するかが、大きな関心事であった。右は、かつては豊臣の家臣であった者がはたして家康の側に立つか、それを危ぶむ本多正信に向かって井伊直政が語る話の一節である。正信からは、そんなことは百も承知だと皮肉られてしまうが、若い直政には、これは、自分をも納得させなければならない内容であったのに違いない。

この文にこだわったのは、「弑され奉った」と、受身「れ」に謙譲語「奉る」を続けるという見馴れない言い方を何故作者が用いたのか、そして、それを見た読者が果たしてどう解釈するのかに疑問を持ったからである。

というのは、この、受身と謙譲を連ねた「…（ら）れ奉る」といった言い方は、平安時代から江戸時代にかけて、いわゆる文語の中ではよく使われた言い方であったのが、現代語の中では殆ど使われなくなっている。もし、現代語で使うとすれば、「お頼まれした品をお届けに上がりました」などと使われることがある（以前に、雑誌記事の中で、「お兄さまのお話をして頂戴とおせがまれして」という記事を読んだ記憶がある。記憶するだけであり、確固たる資料に拠る話ではないが、「おせがまれして」は、それに接した時の印象が深い。これも、日常では余り馴染みのない言い方である）。「頼まれ」と受身の意味に、「お…する」（「し」はサ変「する」の連用形）という謙譲の意味が使われていて、先ほどの「…れ奉る」に相当する言い方といえよう。次の例も同様である。

この忠直が御先を所望してあったを、お許されもせいで、さような無体を仰せらるる（菊池寛『忠直卿行状記』）

「許され」という受身の意味に、「お…せ」（「せ」はサ変の未然形）を複合した言い方であり、受身・謙譲を重ね合わせた言い方である。しかし、馴染みの薄い言い方であるから、確かに敬語が使われていると感じ取ることはできるが、どういう敬意の構造になっているかを即座には感じ取れない。

次の例は、やはり、「受身・謙譲」の言い方が馴染みのないことを示す一例である。

二〇〇二年二月二〇日に、テレビ中継された、国会審議の席で、一人の議員が「お呼ばれし」と言いかけ、「呼ばれたこともございません」と言い直した発言があった。最初の発言と言い直しの発言とは、同じ意味である。誤った言い方でないにもかかわらず、敢えて言い換えたのは、発言者は直感的に変だと感じたのか、或いは、紛らわしい言い方であり、より分かり易い言い方を求めた結果なのか、どちらかは分からないが、「お呼ばれし」が、日常、用い慣れた言い方であったならば、このような言い直しはなかったのではないか。とにかく、我々も余り使い慣れない言い方であるし、また、聞く機会も少ない。現代語では触れる機会が少ないことは間違いない。その馴染みのない言い方を何故したのか、冒頭の『関ヶ原』の例に引っかかった理由はそういうことにある。更に大きな理由は、これは、我々が古語の中で身につけた理解とは合わないのではないかという疑問である。

この受身と謙譲の複合した言い方が何時頃まで使われたかということに、先ず触れておきたい。明治時代には、「(ら) れ奉る」に代わって、「(ら) れ申す」があった。

奥様、御立腹は一々御道理さまで、何と仰しやられ申しても、御返事の致しようも無いので御座います（『良人の自白』）

洋行中に試して置いて呉れろと言はれ申した時にや（同）

俊三様から頼まれ申した大事なお玉さあだ（同）

私や、お婆さん、貴女に怒られ申すようなことした覚は無いんですけれど（同）

『良人の自白』は、一九〇四年から翌年にかけて木下尚江が『毎日新聞』に連載した小説であり、その中にこのように例があったのは、その頃までは、馴染みのある言い方であったのであろう。つまり、受身・謙譲の複合した発想はその頃まではあったということである。

価は二百文ぐらいときかされ申した（柴田練三郎『江戸八百八町物語』五代将軍）

これは近い時代の言い方であるが、先の菊池寛や司馬遼太郎の例同様に、時代物という意識が影響したからであろう。

二　古典の中の「受身・謙譲」の解釈

「れ奉る」という言い方に戸惑った最初は高校三年の時であった。

我ながら心よりほかなるなほざりごとにて、疎まれ奉りしふしぶしを、思ひ出づるさへ胸痛きに、又あやしう、ものはかなき夢をこそ見侍りしか（『源氏物語』明石）

（自分ながら本意ではない浮気心で、お嫌われした度々の機会を思い出すのまで胸が痛む思いでおります時に、またどうしたわけか、一時だけの夢を見てしまいました）

源氏が明石に於いて、明石入道の娘（後の明石上）とただならぬ仲となった時、京に残った紫上に書いた手紙である。もともと、源氏が京にいられなくなり、須磨・明石と流転したのは、朧月夜の内侍（源氏方と対立する関係にあった右大臣の娘であって、既に東宮の許に出仕しており、後に帝の后となることが予定されている人）と関係を持ち、それが現れたからである。それが「我ながら心よりほかなるなほざりごと」である。あなたを京に一人残すという辛い思いをさせて、そこで、「疎まれ奉り（お嫌われした）」という問題の表現になる。にもかかわらず、また明石で明石上とただならぬ関係になる。それが「あやしう、ものはかなき夢を…見」である。なお、『源氏物語』の中に出る「(ら)れ奉る」はこれが最初ではない。例えば、帚木の巻では、源氏が空蟬の所に忍び込み、彼女をかき口説いた「かくあはめられ奉るも、ことわりなる心まどひを、身づからもあやしきまでなむ(このように軽蔑され申すにつけても、無理もない心の乱れを私自身も不思議なほどに思われます)」という言葉もある。また、先に示した手紙の直前にも、

二条の君の、風の伝てにも漏り聞き給はむことは、戯れにも心の隔てありけると思ひ疎まれ奉らんは、心苦しう恥づかしう思さるるも、あながちなる御心ざしのほどなりかし。かかる方の事をば、さすがに心とどめて恨みたまへりしをりをり、などてあやなきすさび事につけても、さ思はれたてまつりけむなど、取り返さまほしう

(紫上が、風の便りにでも話が漏れてお聞きになれば、それは、ほんの冗談事であるとしても、こんな隠し事をして、やはりこれまでと同じであったと思いお嫌われするならば、彼女に対してつらく恥ずかしいこととお思いなさるのも、彼女へのひたむきなお気持ちからである。このような方面のことを、とりわけ、やはり、見逃しがたく思って、恨みなさったことが以前は何度もあり、そのような時には、どうして取るに足らない一時の気まぐれ事でも、そのようにお思われし

たのだろうなどと、昔を今に取り戻したいと)

という例がある。そこに気づかず、その後の所で気になるようないい加減な読み方をしていたのか、或いは、当時の高校生には、『源氏物語』全巻を手許に置く余裕などなく、抜粋されたテキスト体の本によって読んでいたからか、それについてはもう調べようもない。

高校三年の時は、「れ」は受身の助動詞、「奉る」は謙譲語と理解したが、それが、どういう現代語になるかなど理解できなかった。因みに、現在の著名な現代語訳では次のようになっている。

●与謝野晶子

私は過去の自分のしたことではあるが、あなたを不快にさせたつまらぬいろいろな事件を思い出しては胸が苦しくなるのですが、それだのにまたここでよけいな夢を一つ見ました。(『角川文庫』を参照したので仮名遣は現代風に改められている。ここは、そのままに引用した。)

●谷崎潤一郎

あゝ、ほんたうに、我ながら心にもない浮気をしては、たびたびお恨みをお受けしたことがありますものを、思ひ出すさへ胸が痛くなるのですが、又しても不思議に果敢ない夢を見てしまひました。

●円地文子
まことに、我ながら心にもないつまらぬことを仕出かして、あなたに嫌われた時々のあやまちを思い出してさえ胸が痛みますのに、また不思議なはかない夢をこの浦で見てしまいました。

●瀬戸内寂聴
そういえば、ほんとうに我ながら心にもないつまらない浮気をしては、あなたに嫌われた時々のことを思い出すだけでも、胸が痛むのに、またしても不思議なはかない夢を見てしまいました。

与謝野訳では、「あなたを不快にさせた」が該当箇所と思われるが、受身を使役に変えた形にしている。使役にしたことで、その事態は自分が引き起こしたのだと、責めを負った言い方となる。源氏の謝罪の意味は顕著といえるが、受身が使われていないだけに、原文の趣旨は損なわれたというべきである。

谷崎訳では、「お恨みをお受けした」とある。受身の意味は「受け」という語で表され、更に、「お…する」は謙譲を表していることを考えると、受身・謙譲の意味は表されているといえる。しかし、「受け」という自立語の表現と「れ」という付属語の表現とは厳密に考えれば同じではない。

円地訳・瀬戸内訳では、「嫌われた」とある。受身が使われているが、謙譲の語はない。先に、この部分を「お嫌われした」と訳した。しかし、この訳文は、現代語として考えれば、こなれた表現ではない。我々のような、不自然な感じがあってもいいから、できるだけ原文に近くという立場をとると、このように、やや不自然な感じのある文となってしまう。いわゆる直訳文の弊害である。翻訳としては、現代語の習慣に従った文を考えなければならないであろう。そして、その結果が、ここに示した四氏の訳のようになるのであろう。これも、「受身・謙譲」というつながりが、現代語では馴染みのない言い方となっているからである。

違う例であるが、同じ受身・謙譲の言い方が問題となった話で、後日、大学に入っての授業の際、

くせぐせしく、やさしだち、恥ぢられ奉る人にも、そばめだてられで侍らまし（『紫式部日記』）

（一癖も二癖もあって、しとやかに振舞い、心を置かれ申す人にも、そっぽ向かれずにいられたらよいのに）

という文での発表者の解釈が納得できず、質問して分かったことは、「れ」と同じ働きの「られ」であるが、それを受身ではなく、自発の助動詞としたということであった。しかし、これを自発としたのでは、内容が理解できない。これもまた、「れ（られ）奉る」が身近な言葉でなかったことから起こったことであった。

もし、受身・謙譲の続きが現代語で頻繁に使われるものであったならば、高校時代に「れ奉る」を、受身と謙譲の二語と分解はできても、内容が理解できなかったということもなかったであろうし、「られ奉る」の「られ」が自発と誤解されるようなこともなかったであろう。

三　言葉に現れるその人の考え方

言葉が使われるということは、言葉で言い表すような考え方をするということである。そして、日常、用いている言葉は、人の考えを支えるものとなっているということでもある。身についた言葉が、我々の考えを支えるといってもよい。「…れ奉る」という言い方は、平安時代にはしばしば使われた。ということは、その時代の人たちは、その筋道に合った考え方をしたということである。更にいえば、その言い方をしない我々は、その考え方をしないということになる。この言い方に初めて接した時、「れ」が受身、「奉る」が謙譲と分かっても、その意味が理解できなかったというのは、この考え方に慣れなかった、というよりも、その言い方がなくなっていたために、その発想が理解しにくかったからだったのである。

古典を読む時など、そこに書かれている言葉に相応しい、我々の言葉を何とか探そうとする。しかし、言葉が違うのだから、所詮、正確な理解はできないのではないかという迷いはいつもつきまとう。例えば、時の助動詞に「き」「けり」「つ」「ぬ」「たり」「り」という、六種類の言葉がある古典に対して、それに近い意味を表す言葉として、我々には「た」しかない。そのことは、既に、江戸時代に、本居宣長（一七三〇―一八〇一）『古今集遠鏡』や富士谷成章（一七三八―七九）『あゆひ抄』でも、適当する語としては「た」があるだけと記されていた。そして、成章は、過去の「き」が連体形「し」になった時は「タ」のみでなく「サキダツテ」などの語を補うとよいという、非常に魅力的な考えを示した。しかし、付属語である「き」を、自立語である「サキダツテ」を加えて解釈してはたして妥当なのか。そう考えると、この魅力的な説明も「き」の本質を捉えたものとなっていない不満が残る（詳しくは、前著『日本語を考える』参照)。

先にも述べた通り、或る言葉があれば、それに相当する考えが、その人の中にあることになる。それがなくなれば、その考えはなくなる。「き」「けり」「つ」「ぬ」等の語がなくなったことは、それらの語を通して、人々が考えていたことがなくなった、言い換えれば、そういう考えをしなくなったということにほかならない。とすれば、「れ（られ）奉る」（受身・謙譲）がなくなった時、その考えは最早現代人の物ではなくなったということになる。そのなくなった古典の言い方を、もし、現代語で表そうとしても、その結果はごく近似した内容を捉えたものとなるのはやむを得ないことなのであろう。

四　古典で「受身・謙譲」は一般的な言い方であった

「れ（られ）奉る」という、受身と謙譲を重ねた言い方は、現代語としては少なく、それだけ、理解し難い内容である。しかし、古典を読むと、その例にしばしば出会う。先程の『源氏物語』や『紫式部日記』の例だけでなく、次のような例が見られる。

山里にうつろひなむと思したりしを、今年よりふたがる方に侍りければ、違ふとて、怪しき所に物し給ひしを、見あらはされ奉りぬることと思し嘆くめりし（『源氏物語』夕顔）

（山里に隠れ住んでしまおうと思っていたのを、今年から方角がふさがっておりましたので、方違えをしようと思って、あのむさ苦しい所に住んでいらっしゃったのを、見つけられ申してしまったとお心の中では嘆いていられる様子でした）

源氏に連れ込まれた「なにがしの院」で物の怪に取り殺された夕顔を悲しんで、乳母の子である右近が語った場面である。次のような例もある。

中将、「いかで、われと知られ聞えじ」と思ひて、物も言はず（『源氏物語』紅葉賀）

（中将は、「どうにか、自分であると知られ申したくない」と思って、何も言おうとしない）

「聞え」もまた謙譲を表す語であるから、これもまた、受身・謙譲の例と考えてよい。

心隔てたるやうにも、見え奉らじ（『源氏物語』宿木）

（分け隔てているように思っているようにも、見られ申すまい）

「見え」は「見る」ことが自然に生じるという意味の語で、現代語になおせば「見られ」に相当する語であるから、これも、受身・謙譲の枠の中に入れてよいであろう。

おとゞはねびまさり給ふまゝに、故院にいとようこそおぼえ奉り給へれ（『源氏物語』竹河）

（夕霧のおとどは成長なさるにつれて、亡くなった源氏の院に大層よく思い出され申し上げる姿でいらっしゃる）

源氏の子である夕霧が源氏によく似て来たことを述べる場面。「おぼえ」は、「思われ」の意味の語で、夕霧を見れば源氏を髣髴させるように似ているという意味である。「思われ」であるから、「おぼえ奉り」は、先の「見え」の場合と同じに、「(ら)れ奉る」に相当すると考えてよかろう。しかし、ここに付した現代語の訳は、これを現代語だとすれば、意味が理解できず、悪文の典型のような文になってしまっている。「故源氏に、いかにも大層似申し上げなされたが」（日本古典文学大系）とすれば理解し易いが、原文の趣旨からは離れるので、やむを得ず右のようにした。なお、「おぼえ奉る」には次のような例もある。

本意のたがはん、口惜しくて、うちつけに浅かりけりとも、おぼえ奉らじ（『源氏物語』総角）

（大君を思いこんでいる本意に合わないことになったならば、口惜しいので、大君への懸想がこの場だけのもので、これまでの心はこんなに浅かったのだとも、大君には思われ申すまい）

物など言ひたるも、昔の人の御様に、怪しきまでおぼえ奉りてぞあるや（同・東屋）

（何か言っているのも、昔の人の御様子に、不思議なまで思われ申しているなあ）

この宮には、みな、目馴れてのみ、おぼえ奉るべかめるも口惜し（同・蜻蛉）

（この匂宮には、女房たちのみんなが自分の訪れにも馴れていると思われ申しているように振舞っているのも不本意である）

「本意の…」にある例は、通常の「思われ」である。「物など」の例は、先の「おとゞは…」の「似ている」と同じ意である。「この宮には」は、匂宮から思われ、「奉る」はそれに対する敬語である。なお、この部分、「日本古典文学大系」では「匂宮におかれては、女房達全部に対して、只もう（のみ）馴れ親し（馴染）んで、自然に、きっと御思いなされるようであるにつけても」とあり、「新日本古典文学全集」では、「この宮に対しては女房たちがすっかりなれなれしくおうち解け申しているらしいのも不本意でならない」とあり、どちらも「おぼえ奉る」の部分が別の言い方に言い換えられ、全体の中でどこと分らないような訳となっている。

「おぼえ奉る」が現代語に訳しにくくなっていたからであろう。なお、「新日本古典文学大系」では、「本来の願いをかなえないのは残念で、すぐに変るような一時の軽い気持だったとは思われ申すまい」と、原文に近い訳になる。

更に、「聞え奉る」の例もある。

母君の、御心のうち推し量らるれど、なかなか言ふかひなきさまを、見え、聞え奉らむは、猶つつましくぞありける。（『源氏物語』手習）

（母君の、御心のうちが推し量ることができたけれど、かえって出家した様を、みられたり、聞かれたりし申すことは、やはり遠慮されていた）

浮舟が身内の誰にも知らせず出家して、母親だけには会いたいと思いつつ、出家の姿を誰にも知られたくないと悩む場面である。「見え」は「見られ」、「聞え」は「聞かれ」で問題はない。これも、受身・謙譲の例である。

このように、「（ら）れ奉る」の例が頻繁に使われたほか、それに相当する、他の言い回しも多くあったことから考えると、古典において、受身・謙譲の言い方は、極めて一般的な言い方であったといえる。つまり、一般的な発想であったのである。更に、後の時代になって、例えば『平家物語』の中に、

仏御前は、すげなう言はれたてまつツて、既に出でんとしけるを（巻一・祇王）

（仏御前は、平清盛からつれなく言われ申して、もはや退出しようとしていたのを）

我が身にあやまつ事はなけれども、捨てられたてまつるだにあるに、座敷をさへさげらるゝことの心憂さよ（巻一・祇王）

（私自身過失を犯してはいないのに、清盛公から捨てられ申したことさえ酷い仕打ちだと思っているのに、座敷までも下げられたことが無念である）

あまりに言はれ奉て、「あッぱれ、よからうかたきがな、最後のいくさして見せ奉らん」（巻九・木曽最期）

（巴御前は逃げ去るように何度も義仲から言われ申して、「ああ、相手とするによい敵がいるといい、最後のいくさをして義仲公にお見せしよう」）

などの例が見られる。これがすべてではなく、更に幾つかの例があることを考えると、当時、この言い方が特別の物ではなかったことが分かる。更に、次のような例があるが、「参らす」が「奉る」に相当するので、これも、受身・謙譲の例といえる。

いかに祇王御前、ともかうも御返事申せかし。左様に叱られまゐらせんよりは（巻一・

祇王

（さあ祇王御前、ともかくも御返事を申せ。そのようにして叱られ申すよりは）

去、五月より今まで、甲斐なき命を助けられまゐらせて候おのおの御芳志には、是をこそ用意仕て候へ（巻八・瀬尾最期）

（去る五月から今まで、生きて甲斐ない命を助けられ申しておりました、おのおの方のお志には、是を用意しておりました）

こういった例もあったことから考えると、受身・謙譲の発想が当時の人に馴染みのある物であったことになる。

このように古語の中では、受身・謙譲の重なりが「れ（られ）奉る」を中心にして特殊なものではなかった。しかし、現代語ではそうでない。その、馴染みのない言い方を『関ヶ原』で用いたのは、それが時代小説であり、その内容にできるだけ適合した言い方をという配慮からそうなったのであろうか。

「れ奉る」という言い方は、現代語としては馴染みのない言葉であり、意味は捉えにくい。そのため、古語の中の例は分りにくくなることがあった。しかし、この『関ヶ原』の例では、それによって意味が混乱することは全くない（それは『忠直卿行状記』や『江戸八百八町物語』でも同じである）。それは、ここに書かれた内容が歴史的に極めて有名な事件であり、この小説に関心を持つ読者であれば、信長は光秀の主君であり、その信長に謀反した光秀が主君を殺害したことは誰でもが知っており（しかし、最近の大学生の中に、信長も光秀も知らず、ましてや光秀が信長を本能寺に討ったことなど知らぬ学生もいた。「誰でもが」などいえぬことになり、これを常識と思っている自分をつくづくと反省した）、更に、読者の殆どは、光秀よりも信長に同情するであろう。そうなれば、敬語の関係はどうなるかは分かっていた筈である。それだけに、作者の方にも、ここで使うことへの不安とでもいうようなものはなかったに違いない。どういう事実関係で、受身「れ」が使われ、どういう人間関係で謙譲語「奉る」が使われたかは、考えるまでもなかったのであろう。

五　助動詞のはたらき

先に引いた『源氏物語』の例に立ち戻る。

この文は、明石にいる源氏が京の紫上に書いた手紙である。源氏と朧月夜とのただならぬ関係は、紫上にとって堪えがたい、でも堪えなければならないことであり、それだけに、それがもとで京と須磨・明石と別れ住まねばならなかったのであるから、とても許しがたいことであったに違いない。その結果が「疎まれ」である。「れ」は受身である。ここを、谷崎訳では「お受けした」とした。助動詞「れる・られる」で受身を表し、それに謙譲語をつける言い方は現代語では馴染みがなく、そのまま、「嫌われ申した」「お嫌われした」「いやがられ申した」などとしたのでは、適切な現代語にはならない（恐らくまともな日本語ではないと非難される）ところから、それを避け、しかし、原文の受身の意味は生かさなければならないとした結果であろう。この訳には、「受け」「お…する」と、受身・謙譲の意味がこめられていて、原文の意は尽くしてあるように見える。おそらく、適切な現代語で『源氏物語』の意味を残そうとするならば、こうせざるを得ないであろう。しかし、先に述べた通り、自立語「受ける」と付属語「れる・られる」とでは意味が違う。どこが違うかといえば「受ける」は動詞で人の行為であるが、助動詞「れる・られる」の表すものは行為ではない。

ここで、動詞の表す内容と助動詞の表すそれとがどう違うかを考えておきたい。例えば、自分がどこかで不適切な行動をし、それに対して、やめた方がいいと言った人があったとする。それを言い表すのに、①「人が私に注意をする」、②「人から注意を受ける」、③「人から注意される」などの言い方がある。この三つの、どれを聞いても、聞く人はどういうことがあったか、その具体的な出来事を正しく思い浮かべるであろう。表現のもとになった、具体的な出来事は、この三つとも同じといってよい。しかし、言葉の表す内容は違う。まず、①は相手の立場から述べており、②③は自分の立場から述べている。その意味で①と②③とは違っている。『源氏物語』の例でいえば、「疎み給ひし」は①であり、「疎まれ奉りし」は②③である。②と③では、話し手の立場から述べていることが共通しており、その点で違いは微妙である。しかし、②は「受ける」という動詞を使った表現であり、動詞であるから、その表すものは、話し手自身がそうしたという行為である。③は助動詞「れる」を用いており、「注意さ」は動詞であるから人の行為であるが、それに助動詞を付けた「注意される」は「注意する」行為が自分に向いて来たと判断した表現となる。

更に例を示そう。「あの先生はいろいろなことを教えてくれた」といった場合と、「あの先生からはいろいろなことを教えられた」といった場合と、あった内容に違いはない（言葉の上では違いがある）。それを「あの生徒たちから多くのことを教えられた」といった場合と、「あの生徒たちは多くのことを私に教えた」といった場合とでは違って来ることが分かるであろう。この二つは、同じ出来事を表しているといってよい。前者の場合は問題ないと思うが、後者では、「あの生徒たち」からは、「いや、我々、教えてなんかいませんよ」の反論が出る可能性がある。前者の場合、問題がないのは、「教えられる」というのは、それを言う側の判断に属することであって、具体的に「教える」ということがなくとも、言う側にその判断があればよい。助動詞「られる」を使っているからである。それに対し、後者は「教える」といっているのであるから、そういう具体的な行為がなければならない。それが動詞の働きである。そこで、言われた生徒の側からは、そんなことはなかったという意見も出るかも知れないことになる。動詞が具体的な事実を述べるのに対し、助動詞はそこで述べられた具体的な事実を話し手がどう捉えたかを表す語だからである。それが助動詞の自立しない所以である。『源氏物語』の解釈でも、「る」という受身の助動詞を「受ける」という動詞に置き換えた場合、具体的な内容ではともかく、言葉の表す内容には違いがあるというのは、そういうことから考えられることなのである。

なお、助動詞に関する考え方としては、時枝誠記の「辞」とする考えが、いわゆる学校文法とは異なるものとして知られている。時枝によれば、言葉は客体的な事態を表す「詞」と主体的な判断を表す「辞」とに区別される。そして、一般に助動詞と呼ばれる多くの語は「辞」に分類される。本書では、助動詞が常に動詞その他の語と共に使われ、独立した機能のないことに着目し、これは具体的な事態を表さず、話し手の判断等、具体的に存在しない内容を表す語であるとした。判断を表すということにおいて、時枝の助動詞に対する考えと似ているといってよい。しかし、時枝は、「る・らる」（口語では「れる・られる」）、「す・さす」（同じく「せる・させる」）については、客体的事態を表すとして助動詞とはせずに接尾語として、「詞」に属するとした。本書では、これらの語もまた、独立した機能がないとして助動詞としている。その点、時枝の考えとは異なっている。体系全体の問題としては改めて述べることとしたい。

六　動作の向きと敬語の使い方

「疎まれ奉る」のような言い方は理解しにくいと述べた。教室では、動作の矢印、敬意の矢印というものを考えると分かり易いと話すことがある。それはこういうことである。

「歩く」「進む」「泣く」「住む」「ある」「いる」などの動詞はその表す動作の対象を意識せずに使うことがあるが、「言う」「思う」「話す」「嫌う」「懐かしむ」などの動詞は対象を意識して用いるのが通常である。「言う」であれば、AさんがBさんに何かを言うことであり、AさんからBさんに向けて、動作の矢印（←）が向くと考える。「A」→「B」のようにである。この時、話し手が矢印の根元（動作の出所）にある「A」を敬うならば、「言われる」のように、その敬意を表す語を付ける。これが尊敬語である。つまり、尊敬語は、動作の←の出所になる人を敬う言葉ということになる。これに対し、矢印の向いたBを敬う場合には、「申す」のような語を用いる。これが謙譲語である。つまり、謙譲語は、動作の←の向いた先（矢印の指すもの）を敬う語ということになる。

さて、『源氏物語』（明石）の「疎まれ奉りし」で、「疎」んだのは紫上であり、その相手と意識されるのは光源氏である。「疎む」であれば、←の先は「光源氏」を指す。それを矢印を用いて示せば、次のようになる。

（疎む）　紫上↓光源氏

この時、源氏は紫上に敬語をつかうわけであるが、紫上は動作の矢印の根元にいる人であるから、敬語は尊敬語が使われることになって、「疎み給ひし」となる。物語では、これに受身「れ」がつき、「疎まれ」となった。この時、動作の矢印の向きは反対になり、次のように変わる。

（疎まれ）　紫上↑光源氏

源氏は、矢印の向いた先にいる紫上に対して敬語を用いるのであるから謙譲語が使われることになり、そこで「疎まれ奉りし」ということになる。

ここまでに引用した『平家物語』の例についても、すべて、これと同じに解釈することができる。つまり、『源氏物語』から『平家物語』にかけて、受身・謙譲の形式は同じに行われていたことになる。

七　敬意の向き

これを冒頭に引いた『関ヶ原』の「弑され奉り」に当てはめてみよう。「弑し」たのは明智光秀であるから、その図式は次のようになる。

（弑す）　明智光秀↓織田信長

「弑され」となると矢印の向きは変わって、次のようになる。

（弑され）　明智光秀↑織田信長

これに謙譲語「奉り」が付いたのであるから、この部分の語り手「井伊直政」の敬意は矢印の先である「光秀」に向くことになる。これでは、直政が光秀を敬ったことになってしまう。徳川家康の天下掌握に信長がいてはならず、それを弑した光秀の功績を認めて敬ったと解釈するのは、余りに唐突であり、この「奉る」は素直に信長を敬って使ったと考えるべきであろう。しかし、そう考えると、敬語の向きは『源氏物語』『平家物語』と反対になり、敬語の使い方として違った物となる。もし、『源氏物語』『平家物語』の使い方を正しいとし、それを規準とするならば、『関ヶ原』は間違った使い方ということになる。

八　言葉の正しさ

ここで、言葉の正しさは何か、それをどのように判断するかについて考えてみよう。

或る規範を設け、それに合った言い方だけが正しいとする考え方がある。しかし、規範を立てるのであれば、それをどのように立てるかが問題である。もちろん、誤ったものであってはならない。そうであれば、当然のことながら言葉は混乱する。日本語に即し、日本語に内在するものでなければならない。これまで、日本語では、西欧語に導かれて、そこで考えられたことを日本語に適応する場合があった、というより多かった。しかも、それが近代的な考え方であると思われているのではと思わせられる場合すらあった。幕末から明治期にかけての西欧崇拝によってである。その結果は、日本語の正しい姿を見失うことになる。以前、こういう例があった。小学生向けの本の中に、二人の子が向かい合って立ち、一人の子の持つ本をもう一人の子が指差した絵を示している。その絵のわきには「（　）の本を僕にも見せてくれない」とあり、その「（　）」の中にどういう文字が入るかという問題が付いている。二人の子の位置は近く、本を差した指は本の近く、触れるくらいの所にある。考案者は、恐らく、「そ」を考えたと想像できたが、「こ」でもよいのではないかというのが私の疑問であった。「こ」は話し手に近い物を指示し、「そ」は少し遠い物を指示するというのが、通常の使い方だからである。しかし、正解は予想通りに「そ」だという。しかも、「こ」は誤りだという。何故と聞くと、「こ」は一人称、「そ」は二人称を学ばせる意図で作られた問題だからという。そして、小学校の段階ではその理解が大事なのだという。確かに一人称に当たる内容を「こ」、二人称に当たる内容を「そ」で表した例はある。しかし、日本語の「こ」は一人称ではなく、「そ」も二人称ではない。それを、こういう形で学ばせようというのは、西欧語の習慣に日本語を合わせようとするものであって、これでは、日本語の正しい姿が理解できなくなるのではないか。こういう規範であったら、日本語の理解をただ混乱させるだけのことにしかならないであろう。由々しいことと言わざるを得ない。

次のようなこともある。「が」は主格を示す助詞というのが一般的な理解である。そして、この主格という概念は西欧語で考え出されたものであって、最初は西欧の日本語研究者の間で、後に明治初めになると、日本でも使われるようになった。現在では、日本語を考える際の基本的な概念となって、小学生でも知っているのではないか。主語といえば、助詞「が」を思いつく。確かに、「人が来た」「風が吹く」などは主格といって誰も疑わないであろう。しかし、これを主格としたことに問題が生ずるもとがあった。「水が飲みたい」「人が恋しい」などは主格なのかという議論になった。それでも「が」が使われているのだから、いわゆる主格との違いはあるが、これも主格ということになっていた。時枝誠記は、この「水が飲みたい」のような「が」は主格ではなく、対象語格であるとした。最初、その考えは採用されなかったが、最近では、こちらの方に論理性があるということになって来て、採用する小中学校の教科書も多いのではないか。しかし、一つの語が、二つの意味に使われるというのは、どういうことか。この対象語格とは、主格とは考えにくい用法があることから考え出された説明であるが、そもそも、「が」に主格を考えたのが間違いの元なのではないか。使われることも多くなく見落とされがちな例であるが、「彼は、餅が好物で、十や十五は、ペロリと平らげるが、その餅をつく音が、耳をふさぎたくなるのは、不思議だった」（獅子文六『大番』）というような例がある。このような「が」は主格にも対象語格にも当てはまらない。だからといって、この言い方が間違っているとはいえないであろう。このように判断に乱れが生じるのは、主語（主格）という理念を西欧語から取り入れ、それに基いて日本語を考えようとした結果なのではないか。一つの語「が」を主格・対象語格など区別しなければならなくなったのは、「が」を主格を表すとする誤った規範を立てたからである（詳しくは『日本語を考える』参照。なお、これについては後章でも詳論する）。これなど、規範を設けることの怖しさというべきであろう。一般に言葉の規範は、伝統的な使い方に基いて考えられることが多い。昔の使い方を正しいとし、それを規範とするものである。そして、それに反する新しい使い方は正しくないとする。もし、その考え方をおし進めるならば、それまでになかった、新しい言い方は常に正しくないことになる。しかし、言葉は時間の経過と共に変わるものであって、時代の要求に応じて新しい言い方が生まれる。例えば、現代語で用いる「水を飲みたい」の「たい」という希望の助動詞は、平安時代には用いられなかった言葉であり、鎌倉時代の『千五百番歌合』で藤原定家は、世俗の言葉（会話などの言葉）で用いることはあっても、和歌の言葉としては用いるべきではないとした。しかし、時代の経過と共に使う人は増え、それを誤った言い方などとは誰も考えない。それから考えると、世の中一般で使われて通用し、それを誤っていると誰も思わない言い方は、正しい言い方であって、それを規範とするという考え方もできるのである。そこで規範を設けず、滞りなく通じるかどうかで正誤を決める見方も考えられる。

更に一つの例を示そう。平安時代に「ものから」という語があった。

月は有明にて、光をさまれるものから、影さやかに見えて（『源氏物語』帚木）

（月は有明の月で、光も弱く明るくないけれども、人影がはっきり見えて）

のように使われていた。「ものから」の前後は「光も弱く明るくない」「はっきり見えて」であるから逆接の関係である。現代語の感覚だと、「から」という音に惹かれて、「ので」のような順接の意味に解釈してしまい易いが、平安時代はそうでなかった。この語は、江戸時代になると、次のように使われるようになった。

月は有明にて、光をさまれるものから、不二の峯かすかに見えて（『奥の細道』旅立）

『源氏物語』を下敷きにしている。この場合、「ものから」の前後は、「光も弱く明るくない」「あるかないかにかすかに見えて」であるから、先の『源氏物語』の例とは反対に、順接の意味になる。順接に解釈される「ものから」の例は、これだけに限らない。つまり、江戸時代に「ものから」を使えば順接の意味になり易く、それは、現代語で「から」に惹かれて順接となるのと同じ傾向であった。芭蕉（一六四四-九四）よりも後の時代の人になるが、本居宣長はこの後世の使い方に激しく反撥し、平安時代と同じような使い方をするべきだと主張した（『玉あられ』）が、当時の人たちにどちらが分かり易かったかといえば、順接の意味の場合であったことはいうまでもない。つまり、伝統に従えば常に正しいとも言えないのである。

『関ヶ原』の表現は、信長が光秀に弑された内容を伝え、更に、話し手は信長に対して敬意を示すということを意図している。その表現の形式は、先に考えたことからすれば、伝統的な使い方には合わない。しかし、それだからといって、作者が井伊直政が光秀を高い位置に置くように書いた、或いは、直政に誤った表現をさせたなどと考える読者はいないだろう。つまり、作者の意図通りに読者は理解しているのである。そこから考えれば、この使い方は正しいということになろうか。

九　表現された内容はあったままではない

「信長公は明智光秀のために弑され奉った」の「奉る」の使い方は、伝統的な規準に従えば正しくない。しかし、そのように使われたのには、何らかの根拠があったに違いない。果たして、それは何だったのだろうか。

『関ヶ原』の内容は読者から誤解されなかったはずである。それには、いろいろな理由があるように思う。その一つは、「れ奉る」という語法が既に馴染みのない物となっていただけに、読み進める過程では、意味のずれを感じさせるほどの語ではなくなっていたということである。平安・鎌倉時代のように、この語法が日常使われている時代であったならば、読者は自分の理解とは違うと敏感に反応したであろうが、現代はそのような時代ではない。それが第一点である。次に、この部分で語られた内容は、読む前から、誰でもがよく知っている内容であったということである。話を読んで、そこから知識を得るというのであればそういうこともないであろうが、この話は、既に知った内容であるから、個々の語の意味を考えなくともよかったに違いない。話し手が何を言おうとしているのか、聞き手が既に知っていたならば、そこに言葉は要らない。『関ヶ原』の一文はまさにそれに近い内容である。そのため、「れ奉る」という、現代語では微妙な表現も伝達には何の支障もなかったのである。

そうではあるが、「れ奉る」は、当時は一般的な言い方ではなかったし、恐らく根拠にしたのであろう平安時代からの慣例から考えれば、語法上の適不適が問題になる言い方であった。「その時、本能寺の変が起こり、明智光秀は信長公を弑し奉った」であれば、語法上は正しかった。しかし、こうした時、いかに「弑し」という語を使って、それが主君に対する叛逆であることを示したとしても、光秀の行為を非難する意味合いが弱くなったのではないだろうか。これを「信長公は明智光秀のために弑され…」と信長の立場からの言い方に変えれば、信長は被害者となり、光秀の行為はいっそう責められるものとなる。作者は、直政にそういう意図での話を求めたのであろう。その言い方が決まり、ここに敬語を添えることになるが、正しくは

「弑され給うた」或いは「弑されなさった」である。後者は表現が弱々しくなることから論外として、前者の可能性は十分にあった筈である。しかし、「給うた」ではただ信長を敬う意味しかない。それを「奉った」とすることで、光秀の信長に向けての行為が確認できる。伝統的な語法に従えば正しくない「れ奉った」が選ばれた理由がそこにあったのではないだろうか。

いずれにしても、「れ奉る」という言い方が、現代語として一般的に使われていたならば、意味のずれは感じ取られ、この形で使うことはなかった筈である。そうでなかったのは、この形が日常的でなくなり、その意味が曖昧化していたからである。

なお、この話を教室でした時、後で一人の学生が質問して来た。質問の内容は、「弑され」となっていたとしても、実際は光秀が信長を殺したのだから、敬語は謙譲語の「奉る」が正しいのではないかということであった。教室で話した時、実際は云々という面は、全く考えていなかった。しかし、作者がこのように表現したのは、そういうことであったのかと咄嗟に思った。恐らく、大部分の読者もそのように読んでいるのかも知れない。信長は「弑され」たけれど、それは光秀の叛逆であり、だから敬語は「奉る」でよい。勿論、それは正しい解釈ではない。その時の答えは次のようであったか。「弑す」ならば光秀の信長に向けての行為だから「奉る」になるけど、「弑される」であれば「奉る」ではいけない。事実を言葉で描写した時、描写された内容が事実そのままであることはないといってもよい。この場合、「弑す」と光秀の立場から述べるか、「弑される」と信長の立場から述べるかで、内容は違って来るので、その違いに応じて敬語などは使い分けなければならない。事実と描写内容とを同じと考えてはいけないのであって、それは、言葉を考える時の大事な点である。分かって貰えたかどうか。

第三章　主語をどう考えるか

一　「が」は主格の格助詞ではない

今、主語とは何かという問題を示しても、今頃、何を言うかという答えが返って来そうな感じがする。

しかし、考えるまでもない程に自明なことと思われる主語は、日本語の中で考えた時、決して簡単なことではない。以前に、三上章は、日本語の中での主語廃止論を唱えた。国広哲弥は、従来、「僕が帰ります」の「が」などは主格（述語に対して主語となる関係）を表すとする考えを改めるべきであると主張した。私も、以前に『国語の論理』の中で、古典の中では主格を表す語がないことから、主語の認識がなかったのではないかという論を示した。前著『日本語を考える』の中では、江戸時代の富士谷成章（一七三八–七九）の考えにヒントを得て、「が」は主格表示の語でなく、述語の内容をもたらすもとになるものを示す語とした。それを格とし仮りに名づければ「生成格」「由来格」とでもいえようか（「発生格」という名を考えたこともあるが、それは余りふさわしくない名である）。この、主語に対する疑問は、最近では、金谷武洋著『日本語に主語はいらない』という、その言葉通りに日本語での主語を否定する考えも出されさえしている。主語否定の考えのみを紹介した形になったが、主語肯定論が出されないのは、それが余りに当たり前過ぎるからであろう。ただ、このような、主語に対する疑問を歓迎したいのは、主語という概念が西欧語の中で成り立ったものであって、それが、日本語を説明する時に大して役に立っていないのではと思うからである。極論すれば、それが日本語を分らなくし、そのため、要らぬ誤解を招いたなどの、弊害が生まれているのではないかとさえ思えるからである。

まず、主語という概念と日本語と関わりの概略をたどってみたい。

主語がどのように西欧語の中で考え出されたかについて述べることはできない。日本語の中でも考えられ出したのは、西欧の日本語研究者の間であった。室町時代に来日し、キリスト教の布教に当たった、ロドリゲス（一五六一–一六三四）『日本語文典（土井忠生訳では『日本大文典』）』（一六〇四–八）の中では、主語について語られる部分がある。その時、ロドリゲスの中にあったのは、間違いなくポルトガル語を規範にしたものであったのであろう。その頃、日本人の間で主語として論じられることはなかった。

二　日本語の中での論

元永二年（一一一九）に行われた『内大臣家歌合』の中に、次のような例があった。

左持

秋の野の千草の花の咲く中に見るも露けき女郎花かな（女房前中宮上総君）

右

白露の織り出す萩の唐錦鹿の夜着る衣なりけり（散位基俊）

左の歌は「秋の野の多種の草花の咲いている中に、見るにつけても女性が泣いている様を思わせる露の置いた女郎花が目につく」、右の歌は「秋の紅葉を美しく染める白露の織った萩の美しい錦は鹿が夜に着る衣である」とそれぞれ解釈される。左の歌の「女郎花」は秋の七草の一であるが、漢字表記から女性の比喩ともなった。右の歌の「鹿」「萩」「錦（＝紅葉）」はしばしば歌の中に詠み込まれた秋の景物である。この番で左の歌は、出席者の中から「見るも露けきといへる文字、心得ずなん」（見るも露けきといっている表現は、理解できない）と非難された。それに対して、この時の判者の藤原顕季は、次のように述べている。

見るも露けきといへるは誰がことぞ。女郎花の露けきか、見る人の露けきか。見る人の露けからんにては、千草の花の中にとは言ひ難し。女郎花のすぐれて露けきにや。さやはあらん。おぼつかなきことかな。

（見るも露けきといっているのは誰のことをいったものか。女郎花の露けき様を述べたものか、見る人の露けき様を述べたものか。見る人の露けき様ならば、千草の花の中にとは言いにくい。それなら、女郎花の露けきであるのか。そうではないだろう。はっきりしないことだ。）

この判者の意見を見ると、最初の「見るも露けき…心得ず」という不満がどんなものであったか想像できる。「露けき」というのは、「女郎花」がそういう状態になっているのか、それとも、「見る」人がそうなっているのか、この表現では分からないということである。そのように当時の人からもはっきりしない歌とされてはいるが、ここでは一応、右に示したように「女郎花が露けき」状態にあると解釈した。

かつて、この歌合の例を採り上げて、このような意見の発せられることが、表現の中で主語を認識するようになる芽生えの例であるとした（『国語の論理』）。その理由は「誰がことぞ」とし、更に「見る人の…女郎花の…」と続けているのがあたかも主語を意識したように見えたからである。しかし、顕季は「誰がことぞ」といい、「露けき」状態にあるのが「人」か「女郎花」かと論じているのであって、それをそのまま主語に結びつけるべきではなかった。顕季は「女郎花の露けき」「見る人の露けき」と言った。「女郎花の」「見る人の」は、今でいえば「露けき」の主語と解することもできる。しかし、それは今の解釈であり、それをそのまま当時に当てはめるべきではない。その意味でこれは主語を論じたと考えるべきではない。要するに、この歌合に現れた意見は、誰或いは何に関して述べているのか、曖昧な言い方をしてはいけないということなのである。

建久四年（一一九三）の『六百番歌合』には次のような例がある。

来ぬ床は明くる頼みもなきものを暇やしらむと待つぞあやしき（恋四・二七左。兼宗朝臣）
（待つ人の来ない床は明けてゆく頼みもないのに、閨の暇が明るくなるかと時間の経つ間、何もしないでじっとしているのは不思議な気持ちだ）

の「来ぬ床」に対して、右の方人は、「床の通はむやうに聞こゆ」と、床の通って来るように感じられる表現であるとする。「見る人」といえば「見る」ことをしているのは「人」だし、「走る車」といえば「走る」のは「車」である。それと同じに、「来ぬ床」といえば「床が来ない」であってそういう言い方から、いつも「床」が来るように思えるという内容である。しかし、連体修飾語と名詞の関係は「読む本」「待つ日」などもある。「来ぬ床」を「床の来」ると考えるのは不可解な解釈である。同じく、「来るのは何か」を問題とした例として、この歌合には、判者の藤原俊成が問題とした次の和歌がある。

いつも聞くものとや人の思ふらん来ぬ夕暮の松風の声（恋六・一七。女房、実は藤原良経）
（いつも聞いているものとあなたは思っているのだろうか。あなたが来ない夕暮に聞く、あなたを待つという松風の音を）

これに対して、俊成は「来ぬ夕暮、何の来ずとも聞えずや」と、何が来ないのかが分からない旨の批評をした。この俊成の発言については、後に本居宣長（一七三〇－一八〇一）が『新古今集美濃の家づと』の中で、

めでたし。来ぬ夕暮の松風の声は、殊にいつよりも身にしみて悲しきものをといふ意をふくめたる歌也。六百番歌合判に、「来ぬ夕暮、何の来ぬとも聞えずや」とあるはいかが。上に「人」と詠める、其人の来ぬなること、あらはなるものをや。

と、述べる。宣長はこの歌がすばらしい歌である旨述べたあとで、この例では「人」の「来ぬ」ことがはっきりしているとする。和歌の中で、「来ぬ夕暮」のようにいえば、訪れる人を

待つ夕方に、その人が来ないの意味となるのは明らかであるから、宣長の解釈の方が妥当である。この「来ぬ床」「来ぬ夕暮」のどちらの例も「来ぬ」のが「人」であることは間違いない。それほどに分りきったことを問題としているのは、『六百番歌合』の頃の人々の間では、それをはっきりさせようという意識が強く働いていたのであろう。平安時代末から鎌倉時代初には、限られた人間同士で分る表現よりも、誰にでも分る、その為には多くの言葉を用いようとする傾向が生まれる。これは、その例というべきものであろうか。なお、ここで「床の通はむやうに」「何の来ぬとも」と、どちらも主語を問題としているように見える。しかし、それは、主語を身近な概念としている我々にそう見えるだけのことであって、これを基に、当時、主語の意識があったと考えるべきではなかろう。

宣長は『詞玉緒』の中で、

水の上に浮かべる船の君ならばここぞとまりと言はましものを（『古今集』雑上・九二〇。伊勢）

（水の上に浮んでいる船が故事にいわれるようにあなたであるならば、ここが今夜のとまりですよと言いたいのだけれど）

をぐろさきみつの小島の人ならば都のつとにいざをいはましを（『古今集』東歌・一〇九

○。『伊勢物語』には上の句「くろさきのあねはの松の人ならば」とある)(ほの暗い中に見たという名の、おぐろさきのみつの小島が人であるならば都へ帰る土産にさあ一緒にと言いたいのだけれど。なお、上の句は、「あなたがおぐろさきのみつの小島のように美しい人であるならば」と解することもできる)

の「の」を「俗語に『が』といふ意の『の』」として、一般の「の」とは異なるものとしている。これも、「が」の意味と示したことで、この「の」が主格であると説いているようにも見える。もし、そうであれば、宣長は主語を意識していたことになる。しかし、彼は「が」の意味としているのであって主格などといっているわけではない。宣長が主語を考えていたとするのは当たらないのである。当時「の」と「が」とは働きの異なる、しかし、意味の近い語とは意識されていた。その「が」の意味を説いたものとして、宣長と同時代人の富士谷成章(一七三八-七九)は『あゆひ抄』の中で次にように説明している。

その受けたる事に物実をあらせて、「それが」と指す言葉なり

これは、次のように解釈できる。例えば、「雨が降る」という文であると、「降る」が成章のいう「受けたる事」であり、その「受けたる事」である「降る」をもたらす根源(物実《ものざね》)「雨」

と明示して、それを「雨が」と指し示すというのである。これは、主語・主格といっているのではない主格と捉えたとする解釈もある（松尾捨治郎『あゆひ抄』。筆者も『国語の論理』の中でそのように考えていた）。しかし、「物実」（何かを生み出すもとになるもの）といっているのであるから、忠実にそれに従うべきであり、ここに「主格」という考え方を持ち出すべきではない（『日本語を考える』参照）。「が」イコール主格という確固とした論理があるかのように、これまで考えて来たが、必ずしもそうではないことになり、成章の説明を見ると、先に引いた宣長の説明も、主格を意識してのものであったとする可能性はないといえるのである。

三　学校文法の中の「主語」

以前、書いたことがあるが、我々の時代は中学二年になると「文法」という時間があって、『中等文法』（二年で口語、三年で文語）を用いての授業があった。その中では、「主語」の定義は次のようになっていた。先ず、幾つかの例文が示され、

「吹く」「美しい」「当番です」という文節は、どうするか、どんなであるか、何である

かを述べたものであり、「風が」「花が」「私が」という文節は、何がどうするか、何がどうであるかを示したものである。前者のような性質を持つ文節を述語、後者のような性質を持つ文節を主語という。（七－八頁）

とある。一年で英語の授業があったので、日本語で教わる頃には、主語ということにも耳慣れていたのであろう（英語の中でどう教わったかの記憶はない）。右の記述も当然の内容と受け止めていたのに違いない。既に理解したこととして、何の抵抗もなく過ぎてしまったのであろう、『中等文法』の、この部分でどのように教わったかの印象はない。今になって、この部分を読み返してみて、現実の例に即して主語を理解させる、このようなやり方は分かり易くてよいという感じもするが、「主語」とは何かという説明がないので、何か物足らない感じもある。『中等文法』の前身ともいうべき、『新文典』でも同じ方法が採られ、それについて『新文典別記　口語篇』では、

本書では、主語・述語を、抽象的な説明を避けて、代表的な実際の文によつて知らせる方法をとりました。

とし、そうしたわけは、

とにかく、あらゆる場合にあてはまる主語・述語の説明を理論的にしようとすると、あまり抽象的で難解になりますから、それよりも寧ろ本書のやうに、実際の文に就いて具体的に説くのがよからうと思ひます。（二二五頁）

と、理論的な説明が抽象的で難解となるからしないとする。類例を多く覚え、そこから類推して主語とは何かを理解するとなると、各人の類推の過程が同一となるとは限らないので、その結果は区々となる危険性もある。混乱を起こすもとになりかねない。ただ、右のような説明が中学生程度にふさわしいとの配慮からか、理論的に説明することが難しかったからかは分らない。もっとも、同書では、主語を定義した箇所もある。

主語は或事を述べる題目（又は主題）となる語であり、述語はその題目について述べ説明するものであるといふ定義が一般に行はれてゐます。これは無論西洋文法から来た考でありますが（下略）（二二頁）

ここでは、主語は題目・主題を述べるものとしている。題目・主題といえば、「水は冷たい」「富士山は日本一の山だ」「象は鼻が長い」「隣は兄が住んでいる」「みよしのは山も霞みて白雪のふりにし里に春は来にけり」（『新古今集』春上・一。摂政太政大臣）などの「水は」「富士山は」「象は」「隣は」「みよしのは」などが思い浮ぶ。「題目」を「主語」から区別することは高校時代に言われた（どこまで理解できていたか）。それからいえば、主語は題目という説明は妥当なものではない。『新文典別記』では、このように定義を記した後、その定義の仕方は西洋文法から来たものとする。前にも述べた通り、主語をこのように定義するのが西洋文典から来たことは間違いない。ただ、西洋文典から来たとする説明が、ただその事実だけを述べたものか、或いは、前の定義に関して、何かを付け加える意図があったのかは理解できない。西洋文典から来た定義だから、従うべきであると考えているのか、或いは、西洋語にはよいが日本語にはうまく適合しない場合が多いというのか、どのような意図があったのかは明らかではない。前の文と合わせ考えると、そうであるから、この定義は日本語の「あらゆる場合にあてはま」らないということになるのであろうか。そして、それであるから、教科書本体の方では、具体例を示すだけに終わっているということなのであろうか。

『新文典別記』の中では、主語ということに関して、次のような問題のあることも述べている。

修飾といふ意味を右のやう（＝修飾せられる語の意味を委しく定める事）に解すれば「鐘が鳴る」の「鐘が」も、「鳴る」では何が鳴るか漠然としてゐるものを委しく定めるもの

で、やはり修飾語ではないかといふ論が出るかも知れません。それは誠に道理でありま
す。実をいへば、私も、主語と客語・補語や修飾語との間に、下の語に係る関係に於て根
本的の相違があるとは考へないのであります。それ故、右のやうに考へられるものであつ
ても、前に述べた標準に照して述語に対する主語と認められるものは、修飾語とは見ず、
主語とするのであると考へておけばよからうと思ひます。（二二九頁）

修飾語が付くことで、述べる内容は細かく限定されて行く。「花が好きだ」が「薔薇の花が好きだ」、更に「赤い薔薇の花が好きだ」となって行けば「好き」な「花」の内容は細かく限定されて行く。これを修飾というわけであるが、そうであれば、「鐘が鳴る」の「鐘が」は「鳴る」物が「鐘」であることを限定しているのであって修飾語といってもよい。そして、これは「本を読む」の「本を」（右でいう「客語」）、「電車に乗る」の「電車に」（右でいう補語）と修飾語という点では同じであるが、やはり、「鐘が」の場合は、前の主語の定義から主語とするというのである。主語は修飾語と変わりがないとしながら、結局は主語に戻って行く。不満の残る点である。

表現は、語を付け加えながら、意味を細かくしていくものであるから、修飾語云々から考えれば、常に受ける関係にある述語以外は、修飾語ということになるであろう。しかし、「鐘が

鳴る」「本を読む」「電車に乗る」のような文であれば、使われた助詞が違うのであるから、異なる関係が意識されたというべきであり、主語・客語・補語などを同一の機能と呼ぶべきではないであろう。これも『新文典別記』に述べられたことの問題点である。

このように、学校文法での「主語」の説明は曖昧である。恐らく理念的には定まっていたのであろう。しかし、実際の例に適用すると説明しきれない。そして、例外が出る。それが分かっていただけに、実例を通しての理解ということになったのに違いない。その結果「主語」とは何かの論議が行われることになる。

四　「主語」が日本語の中に広まる経過

既に述べた通り、また、『新文典別記』にも記された通り、主語という概念は、西欧の文典に影響されたものである。

主語の説明は、明治初期の文法書、例えば、田中義廉《よしかど》・中根淑《しゅく》などの著述に見ることができる。

田中義廉の『小学日本文典』（一八七四年刊）では、「名詞の格」を第一格から第四格に分類し、

第一格ヲ一ニ主格ト云フ

として、「主格」という語を用いた。「第二格」から「第四格」までは何の格とも記していない。このことは、田中の中で、「主格」のみが術語として出来上がっていたからにほかならない。

この「第一格」について、

第一格は、文章中の、主となるべき名詞に属して、其作動を示すものなり。

とし、文の中の「主」となる名詞につき、それが動きをなすものを示すとする。主語を「文章中の、主」とするなどの考えには、西欧語の影響が感じ取られる。そして、

○此格に六體あり。

（第二）ガの字を附加するものなり。即　小児ガ書物ヲ読ム　人ガ行ク　草ガ生長ス　木ガ風ニ倒サル、等のごとし。茲に、小児、人、草、木を文章中の主にして、第一格の名詞なり。

とする。「が」についてだけ例を引いたが、これ以外に、第一格を表す形式には「は」「の」

「文字を加へざるもの（名詞だけでの無助詞の表現）」「よ（命令の呼びかけに当たる表現）」「も」の表現があるとする。本来は、個々の語につきその働きを説明するべきであるのに、主格ということを前提に、それに該当する語を引いて示したのは、文字通りはじめに主格ありきの考えである。この立場に立ったとしても、現在ならば、ここに、更に多くの助詞の例が加わるであろう。

それぞれの項目中でも、「は」については、「其意味はガに異なることなし」としている。これも「主格」が前提にあったからである。当然のことながら、「が」と「は」の表す意味が同じである筈はない。その当然過ぎることへの配慮があったならば、このような説明にはならなかったろう。そうならなかったのは、言葉の実際よりも、主格という判断を先に作ったからである。同書では、第四格を説明した後に、「以上の四格は、名詞の作用、受動、及び模様を、確定するものにして、実に、我国語の万国に勝れたるは、此テニヲハを、名詞に配当するを以てなり」と、「てにをは」のあることが日本語の優れた点であるとまで述べているが、もし、「てにをは」がそれ程に優れているとするならば、異なる「てにをは」が同じ意味を表しているという解釈は賛成できない。違う語が同じ意味を表しているというような考えはとるべきではない。この後、第一格に用いられた「も」の例として「風モ吹ク　犬モ走ル」を挙げた後、「此格は、二物の斉しき、作用をなすときに、用うるものなり」として、「は」と対比される

「も」の意味を捉えている。にもかかわらず、「が」と「は」とを同一と解釈したのは、主格という判断の基盤から離れられなかったからといえる。また、「文字を加へざるもの」の場合は、「此格の名詞は、多く自動詞、殊にナリ　ナシ　アリ等の如き、動詞と結合するとき、或は、直に副詞の前にあるときに於てす」としているが、無助詞の用法がこれに限られるものでないことは明瞭である。「が」以下の助詞が使われた場合、異なる助詞が使われたことだけで、意味は異なるのであって、それを同一視したのも、そこに主格の理論が優先したからにほかならない。

中根淑『日本文典』（一八七六年刊）では、後詞（今いう「助詞」と同義。現在でも助詞を西欧語の前置詞と対照して「後置詞」と呼ぶことがあるが、この点でも西欧語の影響が見てとれる）の中では先ず「は」を取り上げている。

ハハ、必文中ノ主タル者ニ添フテ、或ハ之ガ解ヲ為シ、或ハ之ガ働キヲ為サシムル為ニ用フル者ナリ。即太閤ハ尾張ノ人ナリ、仁者ハ寿、等ハ、文中ノ主タル太閤及び仁者ニ添ヒ、而下ノ語ヲ以、之ガ解ヲ為サシムルナリ。又、太閤ハ匹夫ヨリ起レリ、仁者ハ憂ヘズ、等ハ太閤及ビ仁者ニ添フテ、以、起レリト、憂ヘズ、トノ働キヲ為サシムルナリ。

「は」は、「文中ノ主」であり、「は」で示されたものについて説明し（解ヲ為シ）、何をする

か（働キヲ為サシムル）を続ける為に用いる語であるとする。更に、「が」については、

ガハ、ハト同義ニテ、説話ニハ多ク之ヲ用フ。（中略）文章ニハ、花開ク、鳥啼ク、ノ如ク、其ノ主タル者ニ、全ク後詞ヲ添ヘザル者アリ。之ヲ説話ニ用フルトキハ必ガヲ添ヘテ、花ガ開ク、鳥ガ啼クト云フナリ。

と述べる。「は」「が」の二語を同義としている点、前に示した田中義廉の考えと同一である。そして、それに加えて、この二語の働きは「文中ノ主」となる語につくことにあるといっている点、更に、引かれた例文から考えて、「は」「が」の機能は、現在いうところの「主格」と考えていたことは間違いない。

このように、明治初期の段階に於いては、日本語の中で、文の中で「が」で導かれる成分を主語・主格など、「主」という概念で捉えるようになっていた。

この後、落合直文（一八六一―一九〇三）『日本大文典』（一八九七年刊）には「主詞とは、その事情動作を説明せむとする所の事物をあらはす詞なり」という説明がある。これは、現在の主語と同じである。これと同時代ではあるが、関根正直（一八六〇―一九三二）『普通国語学』（一八九五年刊）では、現在いう自立語を表す名称として「主語」を用いるなど、説により揺れがあり、主語は現在ほどには確乎たる名称となってはいなかったようである。

「が」を主格と結びつける考えがある一方、いわゆる主格表示ではないという考えもかなり早い段階で提唱されていた。

大槻文彦（一八四七―一九二八）は、『言海』（一八八六年刊）に付された『語法指南』で、「が」「の」二語を挙げて、

> 上ニ名詞ヲ承ケテ、下ハ動詞ニ係リ、其動作ヲ起ス所ノ名詞ヲ、特ニ挙ゲ示ス意ノモノナリ。例ヘバ、「斯くと誰がいふ」我れをば君が、思ひ隔つる」白雲の、かかれる枝に、鶯の鳴く」行交ふ人の、花をたむくる」ノがのノ如ク、「言ふ」思ふ」鳴く」手向く」ノ動作ヲ起スハ、「誰」君」鶯」人」ナル事ヲ、特に指示ス、又、下、形容詞ニ係リテ、「待つ人の無き」「空ののどけき」聞くが楽しき」「無きが多し」ナドト云フモ、用法、同ジ。

と、その働きを「其動作の起ス所ノ名詞ヲ、特ニ挙ゲ示ス」とした。これは、一見して通常の主格と変わらないように見えるが、実はそうではなかったことは、次の解説で明らかである。

> ○コレヲ羅甸語ニ謂ハユル名詞ノ Nominativus casus（主格）ナリトスルハ、恰当ナラズ。国語ニテ、彼ノ主格ニ相当スベキ純粋ナルモノハ、「鳥啼キ」花落ツ」ナド、天爾波無クシテ用ヰル「鳥」花」等ノ位置、是レナリ。コレニがのヲ加ヘテ、「鳥が啼ク」花の

落ツル」ト云ヘバ、がのヲ加ヘタル程ノ意味ハ、随ッテ起ルナリ。即チ、本条ニ説ケル所
　ノ如シ。尚、委シクハ、文典ノ文章論ニ譲ル。

と説明した。もし、西欧語でいう主格を日本語に求めるならば、無助詞の場合であって、「が」「の」などが付けば助詞特有の意味が加わるという考えである。なお、引用文中には「尚、委シクハ、文典ノ文章論ニ譲ル」という一文がある。しかし、『語法指南』には「文章論」の項目が無く、ここでいう「文典」とあるのは一八九七年に同書を発展させた内容で、大槻の著した『広日本文典』を指したと思われる。しかし、そこには「文章篇」があるが、主語は、「人ノ思想ノ上ニ、先ヅ、主トシテ浮ブ事物…其作用ヲ起シ、又ハ、其性質ヲ呈スル主タル語ナレバ、主語（又ハ文主）ト称シ」（第四九三節）とあるのみであり、「委シクハ」というだけの内容がない。更に、『広日本文典別記』ではsubjectに当たるというのが加わるだけであって、「が」「の」を主格表示とはしないということに関する新たな説明はない。

　大槻が『語法指南』や『広日本文典』で考えた内容は、「が」「の」の機能は、後に動詞が続き、その表す動作を起こす所の名詞を指示するということである。これがラテン語でいう主格とは異なり、主格に相当する内容に「が」「の」の持つ意味である「其動作を起す」が加わったというのであって、後に国広哲弥の主張した解釈と共通するものが認められる。それだけ、

当時としても斬新な説というべきものであるが、これまで、この大槻の主張が顧みられることは全くなかった。「其ノ動作ヲ起ス」という説明が、通常の主格を否定する説明とは考えられなかったからであろう。また、それと同時に、それ以後の人たちの中に「が」は主格であるという意識が強いものとなっていたために、大槻の真意を理解するまでに至らなかったということもあろう。

「が」を主格とは別の意味で説明した人に、先に述べたように富士谷成章がいたが、それは、主格という概念が西欧から日本語の中に持ち込まれない時代のことであり、「主格」と対比しての説ではなかった。大槻以後では、国広哲弥が「意味研究の課題」（『日本語学』六の七。一九八七年）の中で、「それじゃあ、私お先に失礼します」という表現を問題にし、

この表現では「私」の次に「は」も「が」も使わないのが普通であり、もし使えば特別の意味が加わる。（中略）「それじゃあ、私がお先に失礼します」と言うと、何かの事情でだれか先に帰ってほしいという状況であるのに、だれも先に帰ろうと言わないので、それならば「私が」というような意味が加えられる。これは純粋な主格とは言えない。

として、「が」「は」などの付いた表現は、その助詞の意味が加わるのであって、「純粋な主格」にならないとした。もし、「純粋な主格」を求めるならば、助詞の付かない、名詞だけの表現

であると説いた。助詞が付けばそれなりの意味が加わり、助詞の付かない形が「純粋な主格」になるという所は、大槻の説明と同じである。ただ、大槻が、「が」「の」全体について述べたのに対し、国広は、「私が」という形で自分が何か行動を起こす際について説明したという点で違いがある。

五　「が」の使い方

国広のいうような、「私が」に、特殊な意味が加わるということでは、次のような例がある。

「あんたが引き受けんとありゃ、やむを得ない。年をとったって、なあに、このくらいの手術はなんでもない。わしがやりますよ。わたしが自分でやりますよ。」のしかゝるように院長がいった。そういったら「では、わたくしがやります。」と、のっぴきならない答えを、彼は期待しているもののように。（山本有三『女の一生』）

主人公は医者になろうと勉強し、医者の資格を取得しながら、不幸な事情からなかなかしかるべき職に就けなかった。やっと見つけた就職先は、医者としての能力に欠ける院長と二人だけの医院であった。その医院で、院長は法で禁止された手術を金のために強要する。右はその時の言葉である。院長は、自分にはとてもその手術をする能力がない。だから、あなたにやって貰いたい。しかし、あなたがやらないのなら、私がやるというもので、「わしがやりますよ」のように言うのは、彼女が「それなら、私が」と言うと期待しての言い方である。これは「が」であるから出る意味であって、「が」が主格だけを意味する語ではないということを示すといえる。

同じような例は、小説か何かで読んだ旧軍隊の話の中の一場面でもあったような記憶がある。命を危険にする命令が下り、隊長は自分はやりたくない、でも、命令が出た以上、誰かがやらなければならないという場面で、隊長は部下に向かって言う「お前たち誰もやらないというのなら、俺がやる。お前たち、それでもいいのだな」というような台詞である。これもまた、先ほどの例と同じに「隊長殿、私がやります」を期待している。そうなれば、隊長自身はその仕事から逃れることができる。これも、「が」であるから、そうなるのであって、これが、もし、「俺がやる」でなくて、「俺やる」ではまずいだろう。「俺はやる」であったらどうであろうか。その時、答は「隊長殿、私もやります」となる。しかし、これでは、隊長自身もその作戦に参加しなければならない。自分は助かりたいと思う意図に反する結果になる。これは「は」であったからそうなったのであって、「が」であればそうならない。「が」の働きである。

「どうしても三十両なくっちゃ仕様がねえんです」「あ、そう、じゃ私がお前さんに五十両貸そうじゃないか」（古今亭志ん生『文七元結』）

左官の長兵衛は、本業を投げ出して、博奕に夢中になっているために、収入はなくなる。その上、博奕の金の為に、家財も失くしてしまう。暮しに困り、夫婦は喧嘩ばかり。心配した孝行娘のお久は、両親のために吉原に身を売ろうとする。話を持ちかけられた遊郭の女将は、深く同情し、もし博奕を止め、仕事に精を出すなら自分が金を貸そうと言い出す場面である。「私が」とすることで、誰も助けてくれない長兵衛に金を貸そうと乗り出す意味になる。

二人はお揃ひのやうな、藤紫の紋服を着てゐた。…暫く躊躇してゐたらしかつたが、その中にきまり悪さを思ひ切つたと見えて、一人がつかつかと入つて来て、（久米正雄『破船』）

勝見漾石（モデルは夏目漱石）の死去の際、長女の友人二人が弔問に訪れた際の記事である。二人は雰囲気に慣れていない若い娘らしく中に入るのを躊躇っていた。そのうちに、中の一人が意を決して受け付けに来る場面である。この「が」もまた、単に主格というよりも、仲間が尻込みするのを見て、中の一人が自らがの気持で行動に移ったという意味である。

涙が、——鼻のすっと奥のほうで、コップの水みたくゆらゆらゆれていた。

正吉のおばさんが悲しかった。
正吉がすごく悲しかった。
父さんが、蛍が、――努君まで全部悲しかった。（倉本聰『北の国から 84夏』）

主人公である純の語りである。しばらく一緒の家で生活した正吉が母親の許に去っていく場面である。ただ正吉と別れることが悲しいだけでなく、父親に問い詰められて自分がした悪さをすべて正吉になすりつけ、しかも、正吉が黙って受け入れたことも悲しみの種となっていた。「正吉のおばさん」以下、「が」の指示するすべてが純に悲しさを呼んだのである。橋本文法では主格となるが、これなども主格とすることはできない。もちろん対象語格でもない。去って行く「おばさん」が自分を悲しくさせ、「正吉が」「父さんが」「蛍が」と次々に自分を悲しくさせるというのであって「悲しい」気持ちをもたらした存在を指し示す働きをする「が」なのである。

以上、挙げたようなことに基づき、『日本語を考える』では、「僕がやった」の「僕が」を主語と考えるのは正しくないとし、「が」は主格表示の語ではないとした。そして、「が」が付いた語がもとになって、後に来る事が起こる、それを表す語とした。別の面から説明すれば、「が」は、起こったこと（これまでの例でいえば「帰ります」「やった」など）に対し、それを起こすもとになったもの（これまでの例でいえば「私」「僕」など。先に引いた富士谷成章の語を借りると「物実」である）を示す語と捉えた。つまり、「もとになったもの」があって、そこから「起こったこと」があるという関係を「が」は示している。「私が帰ります」「私が…貸そう」などの場合は、「私」が後に来る語の表す内容が起こるよう乗り出して来たということである。この場合、「私」が乗り出したというのは、「私」以外はそうしなかったということでもある。先の「私が帰ります」でいえば、誰も帰らないから、自分から名乗り出たというのである。これは、言い換えれば、「帰る」のは「私」であって「私」以外は帰らないということである。国広の指摘した意味、『女の一生』や軍隊談話などは、みな、この解釈の中に入ることになる。その考えは『日本語を考える』執筆の前から持っていたものであったが、この解釈に対して、例えば「鳥が鳴く」「雨が降る」「車が通る」などは、「純粋な主格」として処理するべきではないかという意見も寄せられた。しかし、例えば「鳥が鳴く」であると、それは「鳴く」を起こすのは「鳥」であって、「鳥」がもとになって「鳴く」ということが起こる、そして、「鳥」以外はそれに関わらないことを示していると考えられる。「鳥が鳴く」という言葉は、これだけで使われるよりも、例えば「鳥が鳴くのを待つ」「鳥が鳴くので目覚めた」「鳥が鳴く声に聞き惚れる」などのような文脈で使われることが多いと思うが、こういう例から考えられるように、この事態は誰かが鳴くように仕向けたのではない。鳥の方からそうしたのである。それも「が」の意味である。「雨が降る」「車が通る」も同じであり、誰もそうするようにしているわけでもないのに、それぞれが起ることをいう表現である。「朝早くから隣の犬が吠えてうるさい」ということはよくあることであるが、その場合でも、これを「犬が吠える」とするのは、そのもとは犬であって、誰かがそうさせているのではないことを示している。「吠える」もとは「犬」であって、もちろん「飼い主」でもないということである。

ここに挙げた「私がやる」「私が帰る」「鳥が鳴く」「犬が吠える」などは、従来は主格と考えられた。これは右の解釈で説明できる。主格ではないとして考えられた対象語格もまた右の解釈でよい。「餅をつく音が耳をふさぎたくなる」（獅子文六『大番』）「外で食う方がおいしい」「電話は夜が安い」など、いわゆる主格とも対象語格ともいえない例も右の解釈であれば、他と同じに説明できる。主格といわれる中に、「私が来た」のように、単純な主格ではなく、別の意味が加わるものもあり、これは主格とだけでは捉えきれないということである。「が」の一部のものでは主格とできずに対象語格という格を考えなければならないものもある。そのどちらにもならないものもあり、それには当然別の捉え方を考えなければならない。一つの語「が」が、このように幾つもの意味になるというのは本来あり得ないことであり、それは「が」の意味がそのどれでもないということである。そのような例も含めて、ここに述べた解釈であれば、すべてが統一的に説明できるということから考えたものである。

このように、「が」は、自分からその場に現れ、後に示す事態を起こすもとになったものを示す語であって、主格を表す語ではない。

六　「が」は主格表示の語ではない――時枝誠記の「詞・辞」論との関わり

「犬が吠える」という文は、「吠える」の起こるもとが「犬」であったと話し手が考えたという内容の文である。これは、「犬」がいたから「吠える」があったという内容であると言い換えることもできる。これまで述べてきたように、従来いわれている、「犬」が主語で、「吠える」が述語であるとだけ考えたのでは、この文の意味が十分に理解されたとはいえない。

この場合、「犬」は話し手がどう考えようと、そこに存在していた。また、「吠える」もまた、話し手の存在に関係なく、その事はあった。そういう話し手とは関係なく存在する事物を表す語である「犬」「吠える」は、それだけ独立しても意味があり、それだけ独立した形で使われる語であった。学校文法で「自立語」と呼ばれる理由である。

「犬」「吠える」などが、話し手と関係なく存在するということと、それを表す語がそれ単独でも使われるということとは一致しており、語の機能とその表す意味との間には切り離せない関係があることが分かる。

一方、この例における「が」は「吠える」のもとが「犬」であると話し手が考えたことを示している。その、「が」で捉えた話し手の考えは、「犬」「吠える」という、そこであったことをもとにしている。言い換えれば、「犬」「吠える」を抜きにしてはあり得なかった。「が」のような語は「犬」「吠える」という、いわゆる自立語と共にしか使われない。その表す内容の面を考えると「が」の内容は「犬」「吠える」がなければあり得ない。ここにも、語の用法とその表す内容との一致する関係が認められる。これが日本語の論理である。

本書では、「犬」「吠える」のような語を「自立語」と呼び、「が」のような語を「付属語」と呼ぶことにしたい。この名称は、従来の学校文法でも使われていた（なお、学校文法の基礎になった橋本進吉の文法では「詞・辞」の名称を用いる）。しかし、学校文法では、語を文節を構成する単位として、単独で文節を構成するかどうか（独立するかしないか）を分類の基盤としているのに対し、ここでは、単独で意味があるかどうかを、その表す意味内容に関わるとしており、そこに違いがある。つまり、従来の学校文法は、形式に終始していて、そこに魅力がある反面、それを超えなかったつまらなさがあった。なお、これについては、既に時枝誠記の批判がある（「言語過程説の基礎にある諸問題・学校文法成立のいきさつ」『講座日本語の文法』別巻九五頁）。

「犬」「吠える」は、具体的ともいうべき事物を表し、「が」は話し手の考えを表すとした点は、時枝誠記が、「犬」「吠える」など客体的事態を表す「詞」と、「が」など主体的判断を表す「辞」とに分類した考え方に近い。しかし、時枝の考えは、語の独立性云々については触れていない。本書の考え方は、語の意味は形式に密接に関わるということから日本語の論理性を認めた。そして、形式を重視し、形式に違いがあれば、その違う語同士には、話し手のどういう判断の違いがあるかを考えようとするもので、その点は、時枝の考えと異なると考えている。

ここで本節の題目とした、「が」の意味と、時枝の主体的判断との関わりについて触れてみたい。時枝の辞の定義（主体的判断）は、主格「が」については認められないという批判がある（奥津敬一郎『生成日本文法論』など）。更に、それをもとに時枝の文法論を否定するという極端な考え方まである。

従来、「犬が吠える」などの「が」は主格を表す語とされた。これは時枝の文法でも同じである。「が」を主格と考える立場から、例えば「犬が吠える」のような文を考えると、それは一つの客観的な事実を述べており、そこに話し手の判断が入る余地はないというのが時枝批判の大きな点である。つまり、「犬」が「吠える」というのは、客観的な意味であり、それを主体的な判断とする時枝の考え方は納得できないという。そして、辞の論が否定されたことで、時枝理論は否定される考え方になる。確かに、「犬」が「吠える」の主語になるというのは、客観的な事実であり、それを主体的な判断ということは賛成できない。その意味では、その批判は当っているように思う。しかし、これは、「が」の意味を主格としたことから起ったことであり、これまで述べて来たように、「が」の意味は主格ではなく、「吠える」をもたらしたのは、「犬」であるという話し手の判断を表したという本書の立場からいうならば、「犬」と「吠える」との関係を表す「が」は時枝のいう客体的な事態ではない。時枝が「が」をこのように解釈したわけではないが、もし、この解釈をするならば、時枝理論に対する、この点での批判はなくなることになる。それだからどうしたといわれても困るが、少なくとも、時枝理論は無効であるという批判に対して、「が」を主格ではないとする解釈は、こういう点でも有効であるといえる。

七　古典の中の「が」

古語に於ける「が」の働きに関しては石垣謙二の克明な研究がある。ただ、石垣の研究は、「が」は主格という前提があり、筆者はそれに従わない考えを持っているので、別の面からの考察をする。

雀の子を犬君が逃がしつる。（『源氏物語』若紫）

などであると、「逃がしつる」のもとになったのが「犬君《いぬき》」ということになる。ただ、この文末が「つる」と連体形になるが、平安時代、「犬君」など名詞に付いた「が」を受ける語が終止形になった例がなく、それが何故ないのか大いに気になっている。現段階では説明が付かない。

「が」の理解は、すべての例を基にしてなされるべきであるが、ここでは、ラ変動詞「あり」との関連から考えてみる。

今は昔、竹取の翁といふ者ありけり。（『竹取物語』）

などの例は、論ずべくもないほどに知られているが、この例では、「者」と「あり」との関係を示す語が使われていない。これを、大概はラテン語にいう主格と同等の機能と認めたわけであるが、言葉の上に主格であることを示す記号はないので、果たしてそうとしていいかどうか疑問である。むしろ、「竹取の翁といふ者」という人物を示し、それに「あり」という事実を付け加える、ただそれだけの表現であって、そこに主格など意識しなかった（もし、意識したとすれば、言葉の面で、それを示す何らかの印があってよい）と解釈した方が理解し易いように思える。また、この場合、「ありけり」と終止形「けり」が使われているが、当時、「が」などが使われれば、それを受ける語が終止形になるということがないから、助詞が使われなくて当然であったであろう。

『源氏物語』を見た時、「あり」の例は多い。そして、「は」「も」などの助詞が使われた例はしばしば気付くのであるが、「が」の使われた例は極めて少ない。「あり」の存在という意味から考えて、「が」を使って、わざわざ、それをもたらすもとになる物を示す場面は少ないと思われるので、少ない方が当然かとも思える。その中で、『源氏物語』には次の二例がある。

おのがあらむ世の限りは、ひたぶるにしも、などかしたがひくづほれ給はむ（真木柱）

（自分が生きてこの世にある限りは、ひたすら従い屈伏なさることはないでしょう）

下﨟の尼の少し若きがある、召し出でて花折らすれば、かこととがましく散るに、いとど匂ひ来れば、

袖触れし人こそ見えね花の香のそれかと匂ふ春の明けぼの（手習）

（地位の低い尼で少し年若い人がいる、それをお呼びになって花を折らせると、折ったことを恨んでいるかのように散って行く、その時に、一層、香り高く匂って来るので、

袖が触れて紅梅の匂いのした昔の人の姿は見えないが、その人がいるのかと思わせるほどに紅梅の花の香りのする春の曙である）

「真木柱」の例は、式部卿宮が、髭黒の北の方となっている娘が夫との不仲になっている状況に怒りを露わにした場面である。「おのが」は自称の代名詞「おの」に「が」の付いた言葉である。この話の頃、夕顔の娘で、源氏に見出されて庇護されている玉鬘に髭黒は気を移し、北の方を構わなくなっている。それを知った式部卿宮が、父親である自分がこの世にいる限り、娘を不幸な目には遭わせないというものである。そういう場面であれば、自分という父親がいる限りと「が」を使ったのも当然である。「が」の使われた理由がある。

「手習」の例は、危ない命を横川の僧都に助けられ、小野にある僧都の母の邸に保護されている浮舟が、紅梅の花の香りに薫の姿を思い浮かべた場面である。この小野の邸では、若い浮舟の姿が珍しいほどに、高齢の尼が多い。そういう中にあって、珍しい「少し若き」尼の存在を述べるために、「が」が使われたのではないか。もし、「少し若きある、召し出でて」であるならば、ただ、その人の存在を述べるだけの文となる。しかし、その存在が珍しいだけに、作者の意識が、「若きが」と「が」に結びついたように思えるのである。例えば、『伊勢物語』では、「昔、男ありけり」のように始まる段が多いが、これは、ただ男の存在を述べるだけであるから、この形を取ったのであり、それが、「男が…」のようであったら、おかしな表現となったであろう。『源氏物語』(手習)の例は、そのような当り前の状況でなく、そうであるから、その存在を珍しいとするものがあって、それが「が」となったと考えられる。

しかし、これは「…があり…」の場合だけであり、古語の中の「が」の機能は更に検討されなければならない。

八　対象語格といわれる「が」

「が」は主格を表すのではないと考える一つに、「茶が飲みたい」「水が欲しい」などの用法が主格とは考えられないということがある。この種の用法は、時枝が「対象語格」と呼び、今ではその名称が一般的になっている。但し、この問題に関しては既に『日本語を考える』(第九章)の中で触れたことがあるので、詳しくはそれに譲ることにしたい。

この種の「が」を主格と区別する考えは、既に室町時代のロドリゲスの書の中で見られるが、これはポルトガル語を基盤としたものであるから日本語での問題ではないとしたい。日本語の中でそれを最初に主張したのが誰であるかは明確にできない。あるいは、三矢重松(一八七一一九三）『高等日本文法』（一九〇八年刊）の中の、次の記述が古いか。

「茶が飲みたい」などは処置格の如くも見ゆれど然らず、なほ主格なり（四五七頁）

ここでは、「処置格」（いわゆる目的格）に通じる用法があると指摘される。但し、そのようにされながらも、結論としては主格であるとされるが、その理由は説明されていない。これを受けて、吉沢義則（一八七六-一九五四）「所謂『ヲ』に通ずる助詞『ガ』について」（『金沢博士還暦記念　東洋語学の研究』）では、「が」「を」の用法を問題とし、「蛇がこはい」「蛇をこはく思ふ」は正しい言い方であるのに対し、「蛇をこはい」は正しくない。同様に「コップが盆に載せてある」「コップを盆に載せた」は正しいのに対し、「コップが盆に載せた」は正しくない。そういうことから、「が」を使うのは、述語が「こはい」のような形容詞、「ある」のような自動詞の場合であって、それは形容詞・自動詞の類では、他動詞「思ふ」「載せる」のような、目的語を必要としない語であるからと論を進める。そして、そこから「が」は目的語には付かないのであるから、主語に付くと考えるのが妥当であるとして、それを主語とする三矢の説に賛同した見解を示した。目的語としないことが、そのまま主語になるという論理は納得しがたいが、当時は、この解釈は受け入れられたようである。

三矢・吉沢が、このように考えたのは、この種の例が主格の範疇に入らないのではという疑問が生まれていたからにほかならない。現代に近づけば、「が」は主格（主語）であるという意識が強まったのであろう。古くそうは言わなかったのではと思われる文脈に「を」を用いた例がある。

やはりこんなところをパリの人も欲しいのね（横光利一『旅愁』）

野枝は、「牛乳を欲しい」「今晩は牛肉を買って来てちょうだい」と遠慮なく（近藤富枝『本郷菊富士ホテル』）

守備コーチをどうしてももう一人欲しかったのである（川上貴光『父の背番号は16だった』）

むしろ選手を欲しいのは大学側であり、世間の手前形だけ試験を受けさせた（上前淳一郎『巨人軍陰のベストナイン』）

「…を欲しい」は、既に江戸時代に例が見える言い方であるから、近代になって現れたものとはいえないが、何か馴染めない感覚が残る。

僕を好きなのか、嫌いなのか（川端康成『東京の人』）

ケンカしてあなたをきらいになるのがいやです（吉行淳之介『闇の中の祝祭』）

ぼくが、三木さんを好きだってこと、知ってた？（安藤鶴夫『三木助歳時記』）

「好き」「嫌い」の場合、「が」が使われた筈であるが、最近は、「…を好き（嫌い）」の方が「…が」よりも多く見られるようになっている。遠い昔の記憶であって、内容も漠然とした形でしか残っていないが、年輩の落語家の中に、最近の若い人（その若いといわれた人の中にも既に故人となった人も多い、そのような時代のことである）が「…を好き」「…を嫌い」という言い方をすると歎いていた人があった。

それにしてもずけずけいうお松をかわいくてたまらないようだった（杉浦明平『渡辺崋山』）

「かわいくてたまらない」も通常の感覚であれば「が」である。

優雅にうつむいて挿されたさまは、白鳥の項《うなじ》を宛ら《さなが》だった（三島由紀夫『仮面の告白』）

「宛ら」は、「宛ら…と見る」などと使うのが通常である。この文脈で考えるならば「項宛らだった」といったものか。「を宛ら」は余り見ない言い方である。この言い方がなされたのは、「項」を対象と捉える関係を意識したからであろう。

「…が欲しい」「…が好き（嫌い）」という言い方がなされたのは、その関係を「が」で捉える意識があったからである。その意識は、江戸時代までの日本語であれば、明治になってできる主格ではなかった。ましてや、その後の対象語格でもない。成章の説いた「もたらすもとになる物」と考えられたのであれば、「花が咲いた」も「茶が飲みたい」も同じに考えられるから問題はなかった。そして、それがそのまま保たれていたならば、何の問題も起こらなかったはずである。しかし、そこに「が」は主格であるという判断が生まれ、広がる。それが、「が」の用法全体に当てはまるものであればとも角、そうでなかったために、「茶が飲みたい」のような例に関して「対象語格」として主格とは区別する必要が生じたのである。そして、実際の使い方の面でも「が」の代わりに「を」が使われるようになったのである。「項を宛らだった」も、その一例といえるだろう。なお、「対象」ということと「を」との間には意味の通じ合いがある。言葉をどう捉えるかの意識と実際の使用とでは通じることが認められるものである。

右に示した例は、比較的新しい時代の例であるが、少し古いものとして次のような例がある。

足下の左手の中指に嵌たる指輪を望ましければ、何とぞそれを贈られよ（井上勤『人肉質入裁判』）

お前をいやになつたら（岩野泡鳴『発展』十）

右の「人肉云々」はシェイクスピア劇『ヴェニスの商人』である。翻訳であるから、原文に引かれたという可能性もあるが、「指輪を望ましければ」と当時の日本語例と考えてよいであろう。「お前をいやになったら」は、純然たる日本語の発想である。ここに示した二例とも、従来ならば「指輪が…」「お前が…」といったであろう。しかし、それに混じて「を」が使われる。当時「が」は主格という考え方であった。しかし、ここで「望ましい」「いや」は、主格と結びつくかどうかの思いがあり、それが「を」に現れたのだと思う。つまり、このような「を」を使った言い方がされるのは、「が」は主格という意識があってこの種の「が」も主格とすることにこだわった。その論理無視の考えは、後に、時枝が対象語格と命名するまで続くことになる。

先ず、「が」は主格であるの理論が出来る。しかし、この解釈は日本語から発想されたものでないから、当然であるが、それに合わない例が見つけ出される。一方は、論理の無理は承知で、他と同じ主格とし、一方は主格の論理に合わないからとして別の判断をする。後者は一語を多機能の語とする無理がある。つまり、どちらの解釈も無理があるのであって、この無理は、主格という前提にあったことは明らかである。この場合、主格の解釈を廃し、後に述べる内容をもたらすもとのものを指示するという、本書の考え方を取るならば、無理なく説明できるのであって、その説を提唱したい。

九　格助詞について

しばしば、「が」「を」のような語は、事態と事態との関係を表す語であって、話し手の判断を表す語ではないと議論されることがあるのは既に述べた。確かに、「が」を主格、「を」を賓格（目的格）のように捉えるならば、それを話し手の判断の表現とするよりも、事態間の表現と考えるのが素直な判断であろう。しかし、ここで述べた通り、「が」は主格表示の語ではない。話し手が事態表現の語（自立語）では表しきれない内容を、この語に込めて用いていることを考えれば、具体的な事態を表す語と考えるべきではなく、主格ということも否定されて当然であろう。同様のことは「を」の場合もいえる。既に、「を」については、賓格（目的格）というよりも、話し手が対象と捉えたことを指示する働きをするというのが本来の用法であるという意見を述べたことがある（『国語と国文学』掲載の「江戸時代に於ける助詞『を』の意識」等、並びに、『国語の論理』）。そこからも考えられる通りに、この語もまた、具体的事態とはならない意味を話し手は意識していたのである。この事は格助詞全般に関してもいえるのであって、そこに、この語が助詞であることの理由が考えられる。格助詞が事態間の関係を表す語であるという議論には賛同できない。

「水が欲しい」「水を欲しい」の両様の言い方がある。岩淵悦太郎は、後者を標準的な言い方ではないと議論の対象から退けたが、しかし、「欲しい」に続ける助詞に「が」と共に「を」を使う言い方は既に述べた通り、江戸時代からあることを考えれば、そして、それが時の流れと共に増えている現状を考えれば、一概に標準的ではないとするべきではないであろう。岩淵のいう通りに、形容詞・形容動詞に続ける場合、助詞は「が」を使うことが多い。「欲しい」のような語の場合、「が」「を」両様の言い方がされるのは、話し手が「が」「を」前後の語句の関係をどう捉えたかに拠るといえる。述べた通り、「水が欲しい」という場合、「水」が自分に「欲しい」思いをさせたという判断から生まれた表現といえるが、「を」を使うのは、それを対象と捉えるという、「が」の場合とは異なる捉え方をした結果である。その形式が時代と共に増加する傾向にあるというのは、その考え方が増えて来た、言い換えれば、その考え方の方が考え易いという方向に変化して来たということである。これは、「が」から「を」への変化を見せている他の言い方の場合にも言えることであって、日本語による思考の進め方が変化してきた結果といえる。

第四章　「が」「は」の論理

一　アイ・アム・チキン

「が」と「は」とを比べる考え方は好きではない。「が」は格助詞に分類される語であり、「は」は係助詞である。その二語を比較することにどれほどの意味があるのか。もし、比べるならば、「は」と「も」を比べる方が、同じ係助詞同士であるので意味があるのではないかと思ったりした。しかし、「が」と「は」との比較は、日本語の中で好かれるテーマである。

「が」と「は」が比べられるのは、

花が咲いた
花は咲いた

といった、形も意味もよく似た言い方が行われるからである。

中学から日本文法の授業があった。その時の教科書は国定教科書の『中等文法』であった。いつの頃からかはっきりしないが、自分の中には、体言の定義として、「自立語で活用がなく、『が』『は』を伴って主語となる語」という、「は」を加えての認識が染みついていた。

『中等文法』では「主語」の説明が「が」の関係ということでなされ、「は」がそこに加えられることはないから(もっとも、文の構造を説明する部分では、「東京・京都・大阪は日本の三大都市である」「かれは嵐や波と戦い通した」「建物は簡素ではあるが、極めて清潔である」など、「は」で導かれる語を「主語」としている箇所がある)、この認識は高校時代に持ったものであろうか。高校に進学する頃には、多くの仲間と同じに「花が…」「花は…」のどちらにも主語のイメージを持っていたのは確かである。そうであるから、

み吉野は山も霞みて白雪の降りにし里に春は来にけり(『新古今集』春上・一。藤原良経)
(吉野は山も霞んで白雪の降っていた里も雪は止み、暖かい春は来た)

などの「み吉野は」が主語ではなくて、題目語・提題語などと知らされ、新鮮なショックだったという記憶がある。それでも、それが何故などという気持はなく、それであるから、「春は来にけり」の「春は」は相変わらず主語と考えていた。

「主語」については前章に述べたが、そこにも書いた通りに、主語・主格という判断は西欧語から移入されたものであり、本来の日本語では、主語・主格という判断はなかったことを知った。それでも「主語」という考えを頭の中から払拭することができなかった。しかし、多くの人の説を知り、更に、富士谷成章の考えに触れた結果、「が」については、述語に述べられ

る事柄を起こすもとになったものと捉えるべきであるとの認識を持つようになった。そう考えるようになると、「花が咲いた」と「花は咲いた」の隔たりは、いっそう開いたことになり、ますます比較の意味がなくなるように思えたのである。「は」の機能については次のような話がある。昔、日本のプロ野球が結成される前、アメリカ遠征した野球チーム（現在の読売巨人の前身）にスタルヒンという投手がいて、店に入って「I am chicken」と注文し仲間から笑われたという話を本の中で読んだことがある。最近も、それを言った超有名選手がいるという話を聞いたが、その真偽のほどはかなり怪しい。この話からも分るように、「私は…（だ）」の論理性が問題になったのは、「I am ...」という英語との対比からである。ここにも英語（西欧語）の論理を下敷きにして日本語を考える姿勢がある。同種の文型である、「僕はウナギだ」について服部四郎（一九〇八-九五）『言語学の方法』の解説（三二五頁）を読み、更に、奥津敬一郎『「僕はウナギだ」の文法』などに触れて、「僕がうなぎだ」「僕はうなぎだ」なども「が」が主格ではないと考えた時に、どう処理すべきかを考えてみたくなった。この章を設けた理由である。

二　「が」は未知の情報に「は」は既知の情報につくという区別

「が」「は」の違いは古く西欧の日本語研究者による説明があった。松村明（一九一六-二〇〇一）「欧米人の『は』『が』観」（『洋学資料と近代日本語の研究』所収）ではその歴史的展開が詳しく説明されている。同書に記された中から以下、「が」「は」の区別に関連する内容だけを記しておく。

室町時代に来日したロドリゲス『日本小文典』（一六二〇年刊）の中で、「は」を使った言い方が西欧諸語の定冠詞を使った表現に対応する旨記される（岩波文庫『日本語小文典』上巻七四頁に該当箇所が載る）。オルコック『初学者用日本文法要説』（一八六一年刊）では、「は」は「指示的であり、或る意味では、定冠詞に対応する」とある。フランスの東洋学者ロニー『日本文法要説』（一八七三年刊）に「人は来た」であれば「われわれの心を占める人に関しては、その人が来た」と定冠詞に対応するような意味で捉えられ、「人が来た」に関しては「un homme est venu、だれでもいい、だれか人が来た」と、不定冠詞に対応する意味で捉えられる。西欧の人が、「が」「は」の違いを不定冠詞・定冠詞の関係で捉えると聞いているが、それは古くからあった理解であったことになる。

日本の研究では、松村明「主格表現における助詞『が』と『は』の問題」は、春日政治(一八七八―一九六二)『尋常小学国語読本の語法研究』(一九一八年刊)を引き、「が」は不定のもの、「は」は既知のものと区別する説を紹介する。更に、春日の後、松下大三郎(一八七八―一九三五)の説がある。松下は、先ず、「は」の示す語を題目語とし、例えば、「私は」というような場合、後に続く部分で、それについて解説する構造になるとし、そして、題目語である「私」の概念は最初から決まっていて、改めることはできないものであり、これを「既定・不可変・不自由」であるとした。更に説明すれば、「私は読んだ」のような文であれば、「私」について聞かれた場合などの答えとなるが、既に「私」について述べることは決まっており(そこで「既定、…」ということになる)、それがどうしたかといえば、「読んだ」と解説する、と捉えるのである。「花は咲いた」「台風は通り過ぎた」などの文でも同様である。これに対し、「が」の示すのは、「私が読んだ」全体が解説であり、この段階で「私」は決まっていない。そこで、「未定・可変・自由」であるとした(『標準日本口語法』一九三〇年刊、二四一頁)。「その本、どうなったの」などの質問に答えて、「私が読んだ」となるが、その時、「私」と決まっているわけではなく、そこで「が」が使われるとする。「花が咲いた」も、その場の話の流れは、「花」に関するものではない所から出た言葉であり、そこで、「花」は「未定」であり「花が…」となるというのである。

松村明は前掲論文の中で次のように説明した。「は」はそれまで「他と区別して取りだしていう」と解釈されて来たが、それでは、「私は田中です」のような言い方は説明できないとして次のように結論づける。いわゆる主語について使う「が」「は」の場合、話し手・聞き手に新しい知覚表象（新しい観念）には「が」を使い、頭の中で固定している観念（既にある観念）には「は」を使うというのである。この区別は、松村が「主格表現における」と限定を付けたように、主語相当の語についた場合である。念の為、同論文の一節を引用する。

我々が、今始めて眼前に或る事実を見て、驚いて発する言葉はどんな表現をとるであらうか。例へば、眼前に家が燃えてゐるのを目撃して、驚いて発する言葉は次の如きものであらう。

あ、家が燃えてゐる。

この場合には、主語を示すに「が」を以てするのが普通であつて、「あ、家は燃えてゐる」といふ表現はしないであらう。かやうに全然新しく頭に入つた知覚表象をそのままに表現する場合の主体を示すには「が」が用ひられる。ところで、その「家」なる知覚表象が観念として頭の中に固定し、それについて何かを述べる場合には、もう「が」ではなく、「は」を以てするやうに変つてしまふ。

あの家は酒屋だ。

これはその「家」について考へるだけではない。その「家」に関聯したものは一応頭の中に入つてゐるから、皆「は」を以て示すやうになる。

隣りの家はまだ燃えてゐないな。

然し、「は」を以て示すのは、既に固定した観念について述べる場合であつて、又全然新しい観念が頭に入つて来た場合にはやはり「が」を以て示す。

隣りの家の二階から人が首を出してゐる。

かやうに我々が眼前の事実を見て発する言葉においては、全然新しく頭に入つて来た観念をそのまま口に出す場合には「が」を以て主体を示し、それが既に固定した観念となつてしまつたものについて、何かを述べる場合には「は」を以てするのである

「家が燃えている」は、そこで初めて認識された内容であり、その家は新しい観念であって「が」が使われる。そして、その段階で知覚表象は頭の中で固定する。それからあとでは、「あの家は…」となる。「隣の家」については、それまで知覚されていなかった筈であるが、既に固定した観念に関わる内容であるので「は」が使われる。それが松村の考えである。くり返しになるが、これは「主格表現」の場合であり、すべての「は」「が」について論及されたも

のではない。

「が」「は」の違いを説明する際によく引かれる例として

昔々或る処に爺と婆がありましたとさ。爺は山へ柴刈りに、婆は川へ洗濯に、別れ別れに出て行きました。…（巌谷小波『日本昔噺・桃太郎』。引用に際して表記を改めた部分がある）

がある。「爺・婆」はこの話の中に初めて出て来る人物であるから、そこには「が」が使われた。それが、次には「爺は…婆は…」と「は」が使われたのは、「爺・婆」が話し手の頭の中に固定された観念となっているからであって、そこに「が」と「は」の違いがあるというものである。

幼い読者に向けた話では、登場人物が「が」で紹介される形で書き出されるものが多い。

昔々、まづある処に、猿と蟹とがありました。或る日の事で此の両個《ふたつ》は、連れ立って遊びに出ましたが…（同『猿蟹合戦』）

昔々越後の国松山と云ふ処に、一人の男が在りましたとさ。…或時件んの男は、無処い用事が出来て、都へ上らなければならぬ事に成りました。…（同『松山鏡』）

などの話でも同様の事が見てとれる。太平洋戦争前の『小学国語読本』（冒頭の教材が「サイ

タ　サイタ　サクラ　ガ　サイタ」である所から「サクラ読本」の別称がある）の低学年には、いくつかの昔話が教材となっているが、

ムカシ　ムカシ、アル所　ニ　オヂイサン　ガ　アリマシタ（花サカヂヂイ）

むかし、浦島太郎　と　いふ　人　が　ありました（浦島太郎）

のように「が」で始まる。時代、場所など話に具体性を持たせるような内容が語られるが、そこに「が」で示した人物が登場することで、描写的になり、話はいっそう具体的で分り易くなる。これに対して「は」を用いると論述的な感じになり、高度な感じの文になる。初歩の段階で「が」を用いられたのは、その辺の理由もあったのであろう。

学年が上になると、次のような書き出しが出て来る。

天照大神が、天の岩屋へおはいりになって、岩戸をおしめになりました。明かるかつた世界が、急にまつ暗になりました。（巻五・天の岩屋）

紹介（時代・場所の設定など）もなくいきなり国有名詞が登場する。しかし、「天照大神」は、この段階（三年生教材）では、どういう存在か知っていることが求められていたであろうから、このようなスタイルができたのであろう。「いつ」「どこで」などは記さず、いきなり何

が起こったか、それから話を始めるスタイルに慣れさせる意図もあったのであろう。ただ、「天照大神は…。明かるかつた世界は…」が可能であった筈であるが、先ず、事を描写することに慣れることが眼目であり、「は」のスタイルは次の段階と考えられたのであろう。

三　未知・既知の区別は正しいか

松下の説を説明する中で、「花が咲いた」は事柄の描写であり、「花は咲いた」は「花」について説明した文であると述べた。「が」か「は」か、どちらを使うかによってそのような違いが出る。そして、それが起こるのは、二つの語の意味の違いがあったからである。

これまでも触れて来た通り、「が」は主格を表す語ではない。述語の述べる、起こったこと、あったことをもたらしたもとになる事物を示す語である。「自分が」といえば、「自分」がもとになって以下の事が起こるということである。それは、同時に、他の者はそれに関わっていないということも意味する。「あなたが」といった場合も同様である。「犬が吠えた」のような場合も、「犬」がいわば勝手に「吠えた」のであって、誰かが「吠える」ように仕向けたのではないことを意味する。「花が咲いた」も同様であり、「花」の方からそうしているということである。「花が散った」も同様に、自分たちは何もしないのに花の方が散って行ったということである。もし、その原因が「風」にあるとでも考えたならば、「風が花を散らした」のようになる。「風が吹いた」「雨が降った」なども同様である。前に、松村の説明の中には、「家が燃えている」という文が出ていたが、この情景をゆくりなく見た人は、何がそうすることに関わったとも分からず、その情景だけの知識なのであるから、「家」がいわば勝手に（不適切な表現であるが）「燃えている」と捉え、そう描写したといってよい。前に「花が咲いた」は情景を描写する文であるとした。そして、通常、話をする場合、情景描写の文から始まることが多い。話が「が」から始まるのは、そういう条件が重なり合った結果であって、初出の内容だからが第一の理由であるわけではない。初出ということと「が」との間に必要十分の関係があるわけではない。

おかみがお駕籠で御通行になった時に、太鼓を打ったのはその方の店だな。…いや、太鼓を打ったのをどうこういうのではないのだ。おかみがお駕籠で御通行になる時にその太鼓の音がお駕籠の中にいる殿のお耳に入って…（前記『火炎太鼓』）

「…」に道具屋さんの言葉が入ったとはいえ、「おかみが」と繰り返されるのは、「が」の必然性があったからで、初出云々の問題ではないだろう。

一方「は」の場合、幾つかの中から一つを選び出し他と区別して示す語である。選び出す以上、頭の中に既に何らかのものの ある場合が多い。それに基づいて言うために、あるいは頭の中にあるものと区別する意味で「は」を用いる。その点では、固定した観念に使うことが多いことになる。これも、「は」が既出の内容を指示する語であるからなのではなく、たまたま、そういう結果になったのである。「は」の基本義が初出の内容を指示することなのではない。

「が」を選ぶか、「は」を選ぶかは、話し手の判断に基く。

「が」「は」が初出・既出では説明できないことを示すことにする。

今夜のような雪の夜が続いてゐたのだらう。宮沢はひとり部屋に閉ぢ籠つて本を読んでゐる。下女は壁一重隔てた隣の部屋で縫物をしてゐる。宮沢が欠をする。下女が欠を噬み殺す。さういふ風で大分の間過ぎたのださうだ。そのうち或晩：（森鷗外『独身』）

主人公である大野豊の家に友人が集まったとき、話が同期生である宮沢の身辺に及んだ。ここで、「宮沢は…」「下女は…」とあるが、これまでその話をしていたのであるから、「は」は既出に付いたといってもよい。ただ、その直後で「宮沢が…」「下女が…」となるのは、初出・既出の区別では説明できない。「が」が使われたのは、宮沢と下女がそれぞれ別個に後の行動をしたからである。「は」で表すこともできたが、鷗外の気持では、ここは「が」でなければならなかった筈である。

話は更に続く。

下女も淋しからうと思ひ遣つて、どうだね、針為事をこつちへ持つて来ては、己は構はないからと云つたさうだ。さうすると下女が喜んで縫物を持つて来て部屋の隅の方で小さくなつて為事を始めた。それから下女が、もうお客様もございますまいねと云つて、をりをり縫物を持つて、宮沢の部屋へ来るやうになつたのだ。（同）

「さうすると下女が」は「下女も淋しからう」に続く話であるから、「下女」は既出である。にもかかわらず、「下女が」となった。「が」が既出の内容にも付くことを示している。この場合、こちらで「針為事」をするように招いたのは宮沢であるが、「喜んで」以下の事態は彼が予想した以上の事であった。それは、いわば下女の方でその気になったことを表していて、それを示すのが「が」である。この場合も、「下女は」となってもよかった。どちらでなければならなかったわけではない。その、どちらでなければならないわけではないこと自体、この二語が初出・既出では割り切れないことを示しているといってよい。もし、そうであれば、どちらでもというようなことはなかったはずである。それを「が」を使ったのは、ここも「は」であったのでは、「下女」の方から積極的になったという作者（話し手）の意図は果たせず、やはり「が」でなければならなかったのである。「が」「は」それぞれの意味があって、使われたのであった。初出・既出の論理ではない。

次にも同様の問題がある。

泰然のもとで、はじめて蘭書を学んだ。翌年、泰然が佐倉に移ったために、ともに移った。泰然はのしかかるようにして舜海に自分の学問と技術のすべてを伝えようとつとめた。（司馬遼太郎『胡蝶の夢』）

舜海が佐藤家の養子となり医を学ぶ過程で、泰然がその師となる。そして「翌年、泰然が…」と続くわけで、この場合も「泰然」が前文に登場しており、初出ではない。しかし、「が」が使われている。この場面も「は」が使われて問題はない。しかし、「が」が使われたのは、できるならば、このまま江戸にとどまって欲しい舜海の希望に反して、泰然が佐倉に移動したからである。「が」でも「は」でもよい場面で「が」選ばれたのは、そのような話の内容からである。初出か既出かということではない。

純「休みってあるのか」

歩く二人。

結「純ちゃんは？」
純「日曜日は休みだよ」（『北の国から　２００２遺言』）

「日曜日は休みだよ」のせりふは、これまでの説明からするならば、既に「休み」が話題となっているのであるから、これが既成の観念であり、そうなれば、当然、「日曜日」が新しい観念となるから、「日曜日が」となる筈である。しかし、純の言葉は「日曜日は」となる。一週間の中で、日曜日を選び出し、説明したかったからなのであって、「は」が既成の観念かどうかは関係ない表現なのである。

この話の末尾、純の妹である蛍がそれまで居所の分からなかった夫・正吉から手紙が来、自分は正吉の許に移り住むと言い出す。その会話が交わされた後、

純「そうしなよ。おれもそう思う」
五郎「……」
蛍「どう思う？　父さん」
五郎「うン」
蛍「……」
五郎「行くべきと思うが……。快はどうするンだ」

快は蛍の息子、五郎（純・蛍の父親）にとっては孫である。快は五郎にとって生き甲斐であり、その孫との別れは何とも悲しい。この時、快は、ここの話題に初めて登場する。いわば初出である。その快のことが五郎の頭から離れないことからいえば、既成の観念といってもよい。しかし、ここで「快は」としたのは、既成の観念、つまり既出であるからでないことは明らかである。この時の五郎の気持ちは蛍が離れて行くことは我慢できる。しかし、快もとなるととても堪らない。それが叶わぬことは分っているが、できれば快だけはの思いであって、「は」を使ったのは、それなりの意味があった。既成の観念云々のことではない。

「花咲爺」の話であるが、次のような例がある。

或日の事で、四郎（犬の名）は何思ったか、裏の畠の方で、頻りて吠えて居りますから…（巌谷小波『日本昔噺』）

アル日、犬 ガ ハタケ ノ スミ デ、「ココ ホレ、ワンワン、ココ ホレ、ワンワン」ト ナキマシタ。オヂイサン ガ ソコ ヲ ホッテ ミマス ト、土 ノ 中 カラ、…（『小学国語読本』）

「は」は、前に来る名詞が固定している観念の時に使われるというのは絶対の要因ではなかった。「オヂイサンガ」とある部分も、「おじいさんは、そこを掘ってみますと」という表現も可能である。書き手の意図でどちらかが選ばれるのである。つまり、「が」を使うか「は」を使うかは捉え方の問題なのである。文章を書く時、てにをは、特に「が」を使うか、「は」を使うかで大いに悩むという話を聞いた（阿川弘之『私の日本語辞典』一九九九年二月二一日NHKラジオ放送）。前に来る語の表す内容が初出か既出かで決まるものならば悩みなどない筈である。それなども「が」「は」は、前に来る名詞の条件で決まるのではなく、話し手の判断如何であることを示しているように思う。

実際に使われた例の中でも、「は」が初出の語に付いて使われたものがある。

天地の　分れし時ゆ　神さびて　高く貴き　駿河なる　富士の高嶺を　天の原　振りさけ見れば　渡る日の　影も隠ろひ　照る月の　光も見えず　白雲も　い行きはばかり　時じくぞ　雪は降りける　語り継ぎ　言ひ継ぎ行かむ　富士の高嶺は（『万葉集』三・三一八。山部赤人）

（天と地とが分かれた時から、神々しく高く貴い、駿河にある富士の高嶺を、空を振り仰いで見ると空を渡る日の光もそれに隠れ、照る月の光も見えない、白雲も行く道を山にはばまれ、冬でもないのに雪は降り積もっている、話に聞いた通りである、これからも語り継ぎ、言い継いで行くだろう、富士の高嶺のことは）

明日よりは春菜摘まむとしめし野に昨日も今日も雪は降りつつ（『万葉集』八・一四二七。作者未詳）

（明日からは春菜を摘もうと誰も入らないようにと仕切りを設けておいた野に昨日も今日も繰返し雪は降っている）（「日本古典文学大系」頭注では「昨日も今日も雪が降っている」とある）。

などの「雪」は、どちらの歌の中でも初出の語であるが、「は」が使われている。このうち、「天地の」の歌の例は、季節はずれに雪の降り積もった様を見て、富士には常に雪があるという、前から語り伝えられた話を思い起こしたという内容である。眼前の景を描写しながら過去を回想したものであり、「雪」の語は、表現の中では初出であるが、頭の中には既に観念としてあった中から選び出された内容である。「明日よりは」の歌の例は、「雪の降り続ける」様を描写する。この歌で、雪は「春」を遅らせるものであり、誰も入らないようにとした所にも入って来るものである。その意味で「雪」を選び出したものとして、「は」が使われている。

四　西欧的論理の受け入れ

「が」「は」を比べた中で、「私がチキンです」「私はチキンです」の例文がしばしば問題となる。どちらも日本語としてはごく普通の文である。それを問題とするのは、前にも記したように、アメリカに渡った野球選手の一人がレストランで、「I am chicken」と言ったという話があったりしたからである。「I am chicken」はおかしな英語なのであろう（あり得る英語であるという意見もあるそうであるが、確かなことをいうだけの力はない）。この英語は、先ず言いたい内容を、日本語の「私はチキンだ」という文で考え、それを文字通りに英語に置き換えてできた。その点では、日本語の発想に基づいた英語ということになる。日本であれば食堂に入り、「私はチキンだ」と言って少しもおかしくない。しかし、英語としてはどうかということになる。これは、日本語と英語は違う言葉であり、それに基づいての発想が違うというだけのことなのであるが、これを、もし、次のように言ったらどうであろうか。日本語では正しい語順なのだから、それが誤った言い方になる英語は変な言葉である。それこそ物笑いの種になるだけであろう。しかし、これと全く反対なことが日本語の中では行われているように思えてならない。日本語では食堂に入った時など、「私はチキンだ」と言って、自分の食いたい物を注文する。最近の話題では、チキンの代わりにウナギが入り、そこから発して「ウナギ文」という名で呼ばれるほどになっている。「ウナギ文」という名づけの裏には、それが変な文という意識があるからであり、何故、変かといえば、「私は…だ」という文は、「私」イコール「…」となるのが原則で、「私はウナギだ」はそれに合わないという判断があるからである。この裏には、「私は…」は「I am …」に相当する文という思い込みがあるといってよかろう。日本語を基準に英語を考えれば物笑いの種になるが、英語を基準にして日本語を考えるのは当たり前ということになり、もし、そうであれば、それは正されてよい。

ある日、授業の後で、出席者の一人が質問に来て、言葉が違っても論理は共通なのではないかと言った。違う言葉の場合、それぞれ違う論理がある旨説明したが、その質問者が論理と考えていたのは、「私は…だ」の論理は、「私」と「…」とは一致していなければならないというものであったようだ。

日本語を考える時、西欧語の論理を以てするという進め方は納得できない。しかし、そうはいいながらも、西欧語の考え方が日本語を考えるのに大いに影響していることは確かである。「私は…だ」の「私」は主語であり、この文では主語と述語の間に同一性があると認めたことを示すなどとするのは、それを否定しようと考えている自分自身にも非常に分かり易い。長くその考え方に慣れ親しんで来ているからであろう。

論理の発達が西欧語に於いて顕著であり、それに比べて日本語の中ではそれに匹敵するだけのものが出来なかった。西欧語に接する時には、ただ、その高さに驚き、一方的に受け入れて、それに習うだけのことになったのであろう。日本が西欧化し、お陰で近代国家の形を取ることができたことを考えると、あながち、悪いだけではない。自分の経験であるが、最初に見た外国は、北極回りで途中立ち寄るアンカレッジを除けば、パリであった。凱旋門の上から見たシャンゼリゼに立ち並ぶ建物の景観、その美しさは日本で想像していたものを遥かに越え、長い伝統に支えられた、高い文化に圧倒される思いであった。慣れるに従い、種々の姿を経験して行くうちに、その感激は減り、必ずしもそうではない面を見てしまったが。それから数年を経て中国に行き、北京の町を見た。町の様々を見た時、自分の中にエキゾチックという言葉が浮かんで来たことに気づき愕然とした。何故、隣国であり、しかも、日本とは長い交流があり、しかも、古くは日本文化の基盤形成に大きな影響をもたらした中国の文化である筈なのに、今の自分にとって、西欧以上にエキゾチックなのかと。そういったことを考えると、西欧語の論理が我々の中に根差したのも当然なのかと思った。

服部四郎の書いた中に、「私はウナギだ」に触れたものがある（前記『言語学の方法』二三頁）。服部は授業中に出席者の一人から「僕はウナギだ」と「僕は学生だ」とが同じ文型であるかとの質問を受け、それに対して、この二つは異なる文型を有すると認めると答え、「僕はウナギだ」は「僕はウナギを食べることにする」の意味であるから、「I am an eel」に当たる意味を持つ「僕はウナギだ」とは区別されるのであるとしている（なお、服部の説明では、この二種の文は同じ音調を持つともある）。

この質問者は、「僕はウナギだ」「僕は学生だ」を対比させている。この人が「僕は学生だ」をこの文型に合った文とし、それに比べて「ウナギだ」は異質と考えたのであろうということは容易に想像できる。この人も、また、「僕は…だ」という文の基本に、「僕」と「…」を同一視する意味があると判断していたに違いない。

「私は…」という文が取り沙汰されるのは、レストランでの「I am chicken」が非論理的であり、そこから考えて、食堂でいう「私はチキンです」も論理的にはどうかということからである。それの非合理性の判断は、本来、この文型では、「は」の前後が同一視できるものが来なければならないという判断があるからで、但し、その判断が日本語から導かれたものではなく、西欧語の論理に基づいたものであった。しかし、それが日本語の中で既に定着しかけている考えであることは否定できない。例えば、日常の会話の中で「私は教師だ」といっても、誰も気にすることはない。しかし、ふとした会話の中で、「私はウナギだ」ということを口にすれば、間違いなく、聞いていた周囲の人は一瞬きょとんとし、そして笑う。つまり、「I am

…」の論理は日本語の中に根深いものとなっているのである。

五　「私はウナギだ」の論理

「私はウナギだ」「私は学生だ」の文を支える論理は別であると判断する人が多い。これに対し、そうではない、同じだなどと言ったら笑われるだけであろう。この二つの文は、「私は…だ」と、「…」の部分を除けば同じ形である。つまり、同じ構造の文である。この点から考え、現在では違う意味とされる、この二つの文にどういう共通点があるか、それを「は」「だ」それぞれの意味から考えて検討してみたい。

「は」は、一つの事物を選び出し、他から区別し、それと指し示す働きをする語である。一つの事物を指し示すのであるから、それに続く内容は「は」の指し示したものに関連する内容になるのは当然である。しかし、「は」の表す内容は後の語句にいわゆる主語・述語のような関係になるわけではないことを、三上章（一九〇三-七一）は「明日は雨だ」「二階は兄夫婦が住んでいる」「日本は大学が多過ぎる」「ガスは元栓を閉める」「夜は鍵をかける」などの例を引きながら示した（『現代語法序説』以下の書）。

「だ」は何らかの根拠を基に、そうと断定する語である。「学生だ」「ウナギだ」は、話し手が前に述べたことに該当するのはこれと認めたと考えてよい。

話がずれるが、今、推量を表す時には「だろう」や「でしょう」を用い、意志を表す時には、「う・よう」を用いる。このような使い分けができてきたのは、明治期の東京語に於いてであるとされる（中村通夫「東京語に於ける意志形と推量形」『東京語の性格』・松村明「東京語の成立と展開」『近代の国語』）。それ以前は、「う・よう」が推量にも意志にも使われるといった状態であった。次の通りである。

（江戸時代）			（明治時代）	
う・よう	推量も意志も表した	←→	う・よう	意志を表す
			だろう・でしょう	推量を表す

推量と意志とを異なる語で表し分けるということは、この意味を区別するようになったということである。言い換えれば、推量・意志、それぞれの論理ができたということである。江戸時代よりも更に遡って、平安時代には、この二つの意味を、「む」一語で表していた。つまり、推量も意志も区別しなかった。その時の論理は、意志・推量その他この語の表し得た範囲のすべての意味を一つに捉えたということである。その時の「む」の意味は、「今までに認められ

ていないことが、これから後に起こるであろうと考える」とでもいえようか。

さて、区別されなかった時代から区別される時代へと変化したわけであるが、この変化は、形の上から見ると「う・よう」（「む」）が前に来る動詞の違いで二語になったもので、発音上の変化であって意味の変化はない）は元のままであり、「だろう・でしょう」が新たに加わった変化である。形の変化は意味と切り離せない。そこで、この変化は、「推量」の概念が、人々の考え方に新たに加わったものと考えることができる。「だろう・でしょう」は、「う」に断定を表す「だ・です」がそれぞれ複合してできた語である。言い換えれば、「う」「だ・です」の二語の概念が複合した語である。意志とは「後にこうする」であり、推量とは「後にこうなる（これがある）」である。つまり、断定が加わったことで、事態の意味に限られることになる。断定とは、それを事態として認めるということなのである。

さて、「私は…だ」は、「は」と指し示した「私」について、「…だ」と断定する意味を表す文である。そのことは、「…」が「学生」でも「ウナギ」でも同じである。だから、どちらも同じ型の文としてよい。

これに関して、「私は学生だ」はよいが、「ウナギ」を注文する場合の「私はウナギだ」となれば、それは意味が異なるとするのが一般である。なぜなら、先の服部の説明にもあったように、この文は「I am an eel」の意味がないからであるとする。このことからも分かる通り、この「私はウナギだ」を異質のものとする判断には西欧語の主語・述語の発想が根差しているといってよい。しかし、それは西欧語の判断であり、日本語の判断ではない。それでは、この文に於いての日本語の判断は何か、それを述べる必要があろう。

「私は…だ」という文の場合、「私」と「…」との間には西欧語にあるような同一性の認識はない。もし、あるならば、店の中で、「私はウナギだ」などという筈がない。それに対して、「私は学生だ」には同一性の認識があるという反論も出よう。しかし、これが例えば英語でいうような「… am …」と同じになったのは、偶然であり、この場合でも、「私」を選び出していえば、「学生」だということであり、「私はウナギだ」と変わる点はないのである。

「私は…だ」の文の意味をいえば、右に述べた通り、「は」で示した「私」に関して「…」ということがあるという内容である。「は」で、何を選び出して話題にするかを示し、後に続く言葉で、それについて説明する。この点、「私は…だ」の文では、西欧語でいうような文法関係はないといってよい。

「私は…だ」という文を考えたが、これは、「花は咲いた」のような文でも同じことがいえる。「花は咲いた」は、「花」を選び出して説明しようとして「花は」と示し、それが咲いたことを確認しているから「咲いた」というのであって、「咲いた」という動きの主体が「花」であることを示す文ではない。それと同じに「私はウナギだ」という文は、自分のことを説明しようとして、「私は」と自分を指し示し、その上で、自分の頭の中に浮かんでいるのは「ウナギ」だから「ウナギだ」という。「私は学生だ」も同じである。自分のことを説明しようとして「私は」と示し、「学生」と思い浮かんだから「学生だ」という。このように「私は学生だ」も「私はウナギだ」も同じであって、それが、この表現の論理である。

右のように主張するとして、この二文の意味が同じと主張する積りはない。しかし、その違いは、その文がどういう場で言われたかということで現れるものなのである。「私はウナギだ」がウナギを注文する意味で使われたということは、食事の席で何を食うかと聞かれた時に使われた言葉という条件があるからである。それでなければ、この文の意味は一つに決定できない。つまり、場の支えがあって内容が理解できる言い方であるが、どのような表現も場の支えを必要とするのであって、この言い方がそれを必要としているからといって特に問題になることではない。

この二つの文は同じとした。それに対し、前者は「私」と「学生」が同一であるという意味に解することができ、それ以外の意味にはなりにくい（例えば「どういう立場でいたい？」と聞かれ、「私は学生」と答える時などは同一の意味ではない）。それに対し、後者には、「私」と「ウナギ」は同一とする解釈も可能であれば、「ウナギ」は注文した品であるという意味にもとれる。その点、二つの文は同じではないと考えることもできる。その「私は学生だ」は一義に「私はウナギだ」は二義になるというのは、「学生」「ウナギ」それぞれの語義も影響していると思う。即ち、「学生」は文字通りの意味しかない。それに対し、「ウナギ」には生き物・食い物の二つの意味がある。この文に二つの意味が現れるのはそういうことも関係している。それが「チキン」であれば、そのようなことはないであろう。「私は学生だ」が一義にしかならないのも、同じ理由からである。つまり、語の意味の問題もあって、文だけのことではない。

しかし、このように「私は学生だ」「私はウナギだ」は同じまともな文であると主張しながらも、内心、忸怩たるものがある。それは、この文は同じとする解釈と違うとする解釈とどちらが受け入れ易いかという点である。というより、自分自身にしても、「私は学生だ」「私はウナギだ」の二つの文が同じ意味だとするよりも、「私」と「学生」は一致するのに、「ウナギ」は一致しないのだから、この二つの文は違うとする解釈の方が理解し易く、また、説明もし易い。本来の日本語にはなかった、西欧語に基づく考え方であるが、慣れ親しんだ結果であろう。

「私は…だ」という文の論理を、先ず自分のことを選び出したから「私は」と示し、その時頭に浮かんだ内容が「…」だから「…だ」という。それを日本語の論理とした。そして、「私はウナギだ」もその考えに基づいており、だからこの形でまともな文とした。

これに対し、「私」と「…」は一致しているのが西欧語の論理であるといってよかろう。日本語の考え方では、「私」と「…」を結ぶものは、「その時頭に浮かんだ内容」ということである。西欧語では、「私」と「…」が一致するかどうかである。この二つを比べた時、どうしても後者の方が分かり易く、それだけ説明し易い。「私」と「…」との関係だけで決まることであり、それだけ、客観的な根拠に基づいた判断ができるからであろうか。このように、後者が分かり易いと感じるのは、自分自身、後者の考え方を身近なものとしているからであろう。それだけ西欧語的な考え方が入り込んでいるということであろう。しかし、そういう状況ではあるけれども、というよりも、そういう状況であるから特にというべきか、後者の考え方から離れ、前者の考え方を見きわめたい思いがするのである。

六　「私がチキンだ」

「は」を「が」に置き換えた、「私がチキンだ」も、実際に使う表現である。「私」と「チキン」との間を主語・述語の関係と考えるならば、「私」は「チキン」とならなければならない。勿論、それはあり得ないことであり、そのため、そのままに英語に置き換えた「I am chicken」は、笑いを呼ぶ表現になる。しかし、日本語では何らおかしくない表現である。そして「が」は主格を表す語ではない。その指し示す事物がもとになって、後に述べる内容が起こることを示す働きをする。この場合、食事の席で、「チキンはどなた?」（これも通常の主述関係で考えるならばおかしな表現であるが、「チキンは」と示し、それに関して「どなた」というとすれば、おかしくはない）との問いかけへの答えであって、そこにあるチキンは自分が注文したことを表すための発言であるから、チキンをもたらした者である自分を、「私が」とするのは当然である。

これも、西欧語的な論理で捉えるならば、「私がチキンを注文した者だ」という解釈が考えられるかも知れないが、日本語は「私がチキンだ」でいいのは、先に述べて来たと同じ理由である。

七　「私がAです」と「私はAです」

「私がAです」「私はAです」の違いがしばしば問題になる。以前から、「が」を未知（新情報）、「は」を既知（旧情報）とする区別が、半ば定説化するほどになっているが、その区別が日本語の「が」「は」の実態に合わないことは既に示した。「私がAです」という言葉は、「Aさんはどなたですか」と探す相手に答える言葉である。これは丁度「ウナギはどなた?」に対する答え方と同じで、あの時は、「ウナギ」に自分の方から関わった「私」が名乗って出る場面としたが、これも同じである。「が」の意味からこういう使い方がされるのであって、未知と見えるのは、その結果であるというべきである。

「私はAです」はどういう場面で発言されるか考えてみよう。先ず思いつくのは、Aという人が急に誰かから「Kさん」と違う名前で声をかけられた時などに、「私はAです」と言い返す場合である。この場合の「は」の働きは、「私」自身を他の人から区別して示すことである。「は」本来の意味といってよい。

奥さんに云つて下さい。わたしは田村です（岩野泡鳴『憑き物』）

主人公の田村義雄なる人物が他家を訪問し、取り次ぎに出た女性に言った言葉である。主人公と訪問先の「奥さん」とは旧知の、ごく親しい間柄にある。この「私は田村です」のような場合、現在の、「は」を既知とする立場からの解釈は、「私」は相手の目の前にいる存在だから既知扱いになり、そこに「田村」という未知の内容を伝えるとするようになるが、果たしてそうであろうか。確かに相手は取り次ぎの人であって、「田村」という名前は知らないであろう。

しかし、この語気からは、自分はこの家の人とは親しく、自分の名前をいえば分かるという、訪問者である田村なる人物の余裕に似た口ぶりが伝わって来る。伊丹十三演出の映画『ミンボーの女』での一場面、ホテルのフロントに、昨夜の宿泊客と称する男から電話がかかる。「629に泊まった花岡という者ですが」と名乗り、部屋に鞄を忘れたという。その後すぐ、花岡の仲間の男が、「629に忘れ物した花岡と言いますが」と現れ、鞄を受け取って立ち去る。その後、花岡本人が現れ、「私、花岡だが…」ということになる。もしも、電話がかかり、いきなり、「私は花岡ですが」と名乗ったならば、聞いている方は、どこの花岡さんか、記憶の糸を探ることになるだろう。そのように名乗るのは、相手によく知られた人で、名前を聞けばその人物が思い浮かぶというような場合である。客を大事にするホテルであるからそうなるが、電話に出て、いきなり「私、花岡です」と言われれば決していい感じはしない。映画でも、「花岡という者ですが」「忘れ物した花岡と言いますが」と続く。そして、最後に「花岡だが」となるが、もともと、ホテルを脅す目的があるから、このような言葉になったと言ってよかろう。そう考えると、小説『憑き物』で「私は田村です」と名乗るのも、取り次ぎの女性と初対面であるから、あなたにとって私は未知の間柄であるとして使った言葉とは思えないのである。

中学時代の国語の教科書に、ＮＨＫのアナウンサーを務めた人の放送夜話的な教材が載っていて、音楽番組の最後に「レコードはＫでした」というべき所を誤って「Ｋはレコードでした」と言ってしまい、すぐに「Vもレコードだぞ」という内容の投書が来たという話があったのを記憶する。この場合の「レコードは」という時の「レコード」は実際に番組の中で放送していた物であり、それをとり出して示すためである。既知といえばそうである。しかし、これを既知と解釈することにどれくらいの意義があるのか。そして、「Kでした」の「K」は、新たに伝える情報である。しかし、これも「K」が著名な会社であるからできた表現でもある。従来の考え方では「―は…だ」という文であると、「…」の部分は未知ということになる。しかし、これも未知とすることにどれほどの意義があるのか。

先に、「が」「は」の違いを論じた松村明の論文を紹介した。そこでの松村の判断は、「新たなる観念」の後には「が」が使われ、「固定された観念」の後には「は」が使われるということであり、その区別は確かに認められる。大野晋によれば、「だれはいるか」「何はあるか」「どれは君のか」というような、疑問を表す言葉の後に「は」は付かないことから、「ハの上は既知として扱うのが原則であるから、『誰』『何』『どれ』のような疑問詞を『は』が承けることはない」(『日本語の文法を考える』二六頁)としている。古語の中では、

霜かづく枯野の草の淋しきにいづくは人の心とむらむ(『山家集』)

(霜におおわれている枯野の草のないような所でどこは人が注意して見るだろうか。一つだけと

り出してそうとなる所はないであろう）

というような例があり、その原則は当てはまらない（『古今集』に「みちのくはいづくはあれど塩釜の浦漕ぐあまの綱手かなしも」という例もあるが、この場合は「いづく」をどういう言葉とするか、解釈に揺れがあるので除外しておく）が、使用例も少ない。現代語では「何はどうしていますか」といった例はあるが、そのような特殊な例を除けば、使わないと思うので、疑問詞に「は」が付くことはないといってよかろう。

疑問詞に「は」が何故付かないかは次のように説明できよう。先ず、「は」は既知の内容に付くとして、疑問詞の表す内容は既知となり得ないからとすることはできる。それに対し、「は」を既知の内容に付くとせずに、一つの事物を選び出し、他と区別する機能があるとする。そうすると、疑問詞は不特定の事物を指し、一つとは指定できないことを示す語であるから、その後に「は」が使われない理由とすることもできる。このように疑問詞に付かないことで、「は」は既知であると結論づけることはできない。いうまでもなく筆者は、後者の考え方に立つ。

「が」を未知、「は」を既知とするのはどうかと思わせる例として、次のような例もある。

かれは、かれが考えている宝の山に入りながら、多くの同行者が同行者のあいだでの対人関係で途中から下山してしまうのを、多く見ている。（司馬遼太郎『胡蝶の夢』）

幕末の蘭医の一人、佐藤舜海（文中「かれ」）が進んだ蘭学の道がさながら宝の山であったと語る部分である。ここに、「かれは、かれが…」という描写がある。未知・既知と云う範疇から考えると、同じ人物である「かれ」に関して「は」「が」と並べた、右に挙げた言い方はあり得ないであろう。しかし、右の言い方には何の不自然さもない。意味も通る。つまり、正しい。「かれが」の箇所で、既に「かれは」とあり、既知であるからといって、これを「かれは」とすることはできない。このように、「…が」と並べて使うことは稀ではない。「私は、私が望んでいる内容が満たされないと知り、その運動から身を退いた」などという言い方はしばしばあるものである。

「が」を未知、「は」を既知と区別する解釈をとるとして、それを松村のいうように、未知の内容であると「が」の使われることが多く、既知であると「は」が多いというような、使われ方に限るのならば納得できる。しかし、それがすべてに当てはまらない以上、それを語の意味と考えるべきではない。そして、「が」「は」のそれぞれについて、その全体が説明できる意味が考えられる以上、それを語の意味と考えるべきである。「が」によって示した事物が後のことをもたらすもとになるという語義が、初めての例に使いやすいということは理屈の上で説明がつく。また、「は」によって幾つもある中から選び出すという語義が、既にあった観念の後に使いやすいということも同じである。

もし、「が」が「未知」の内容を指示するとすると、例えば「花が…」というような場合、「が」が使われたことで「花」が未知であると指示したとなるのであろうか。聞き手にとって、話し手が「花」といった時、それが未知か既知かは分かるはずである。何も、その後につける助詞でもう一度示す必要はない。助詞でも未知・既知を確認するというのだろうか。これは納得できない。

事の内容からいえば、未知・既知は客観的な内容である。助詞の表す内容は事柄に対する話し手の判断である。話し手の判断を表す助詞で、未知・既知のような客観的な内容を表すとすると、それも納得できないことである。この面からも、未知・既知ということを、「が」「は」の語義とするような考え方には賛成できないのである。

「が」「は」を、それぞれ未知・既知とする解釈に当てはまらない例として、更に次の例がある。

夏は好い。夏が好い。四時夏ばかりでも困らうが、四時春なンか云ふ天国は平に御免を蒙る。米国加州人士の中には、わざゝゝ夏を迎へに南方に出かける者もあるさうな。不思議

はない。（徳冨健次郎『みみずのたはごと』春の頌）

『みみずのたはごと』は現在の蘆花恒春園での生活に於ける随想であるが、これは「夏の頌」と題した章の冒頭である。

先ず冒頭に「夏は」と来るのは、既に「夏の頌」というタイトルが示されており、その点から「夏」を既知とすることもできるので、この「は」を既知に付くといってよいかも知れない。それはよいとして、次の「夏が好い」の「夏」は、直前に「夏は…」とあるのであるから、既知・未知ということでいえば、既知である。「が」を未知に付くとするのは、この例に当てはまらない。この「夏は好い。夏が好い。」が日本語に相応しくない言い方であれば、これを例外的な事象とすることもできるが、これが特別な例とは考えられないので、やはり、「が」を未知に付くとする考えの方を改めるべきであろう。そして、「が」が未知に付くのではないとすれば、それと対比される形で考え出された、「は」は既知に付くとする考えも改めるべきであるということになる。

しかし、ここでは、その説を否定すればよいというものではあるまい。この蘆花の表現が、どのように解釈されるか、それを考え、この例が正当な形式であることを述べるべきであろう。

先ず、「夏は好い」である。これは、「夏」が来たと感じた時の作者の感懐である。夏になって、他の季節では味わえない、夏特有の好さを感じた時、「夏は好いね」などは、今でもしばしば口にする言葉である。四季の中で、「夏」を選び出し述べるもので、当然「は」が使われる。

それに続けて「夏が好い」となる。「が」には、それぞれもとになって、後のことがもたらされるの意味がある。つまり、「好い」をもたらすのが「夏」ということであって、この文では、ただ「夏」を「好い」とする意味が出る。例えば、「君は好きだ」といえば、何人もいる中で、「君」を取り出し、「好き」という意味になる。つまり「君」以外に比較の対象がある。愛を語る場面でこのように言われても何の感激もないであろう。それに対し、「君が好きだ」であれば、他の者は意識せず、ただ「君」に「好き」という思いを寄せるの意味になる。この際、「君」以外の存在は、その時の話し手の眼中にはない。これは、「が」がこれまで述べて来た意味を持つ語であるからである。「夏は好い」「夏が好い」はそれと同じといってよい。いわば、「は」を使えば相対的なことになり、「が」を使えば、その示す内容は絶対的なものとなる。つまり、「夏が好い」と言った時、作者にとって「好い」となるのは「夏」だけなのである。右の文では、「夏が好い」から「夏ばかりでも困らうが…」と続くが、その裏には「夏だけであってもよい」の意味があり、それほどに、作者は夏が好きなのである。「四時春…」も同じことで、夏の来ない世界など作者には何の魅力もないということであり、そこにも夏を好む意味がある。「米国加州人士…」の文の表す内容も、夏の賛美である。そのような作者の気持を表したのが、「夏が好い」であり、そのような機能が「が」にはある。そして、このような解釈は「未知」とするだけでは得られないのではなかろうか。

「が」は主格を表すというのは、現在では動かし難い判断になっている。その判断は、殆どの人に共有されているといってもよい程に拡がっている。しかし、その主格云々ということは、明治以降に、日本語の中で考えられたことで、そうなったわけは、西欧語を基に、日本語を考えようとしたことにある。実際の例に則して考えると、主格とはならない「が」の例がある。つまり、「が」を主格を表す語とすべきではない。また、「が」を主格としていたのでは、右の文はきわめてつまらない内容のものとなってしまうであろう。そうではなく、「が」の付いた語（この例でいえば「夏」）がもとになって、後に述べる語（この例では「好い」）の表す内容が生じたという関係を考えるべきなのである。そして、それによって考えて、はじめて「夏が好い」の真の意味、言い換えれば作者蘆花がこの文を言いたい意図が理解できるのである。

「夏は好い。夏が好い」の文は、「は」「が」を、それぞれ題目提示・主格表示或いは、既知・未知と解釈したのではとても理解できない内容なのである。

付　主語という言葉

中国からの留学生の日本での生活を描いたテレビドキュメンタリー『若者たち』を見ていた。これは、このシリーズの第二作である。第一作『小さな留学生』も非常に面白く、また、感動的な話であった。第一作は、父親の仕事の関係で母親と共に来日し、日本の小学校に入った女の子の話である。最初、日本語が出来ず、授業も全くわからない。涙の日々を過ごしていた。毎朝、家まで迎えに来てくれる友人がいるが、その子とも、目を見交わすだけの会話である。それが、日が経ち、日本に慣れ、日本語が分かるようになるにつれて、すぐれた能力を示すようになるという話である。その子の健気さとそれを取り巻く同級生の子どもたちとの愛らしい交流が見事に描かれていた。中国での評判も上々であり、日本人はこんなに親切なのかと、それまでの見方を変えた人もいたとか。『若者たち』は、中心人物の一人となる若い女性が、日本に来てすぐ、東京で地下鉄に乗り、綾瀬から大久保への道を行く話から始まる。予め教えられた乗り換え駅で降りるが、「東京の地下鉄は複雑で日本人でもよく迷います」という語りが入って、その女性もどちらに行けばよいのか分からなくなる。「すみません」と声をかけ、一人の女性に尋ねた所、その人も分からず、親切に駅員の所に連れて行ってくれた。日本語ができないことを知った駅員が、どこに行こうとしているのかを知るためであろう、「切符ありますか」と尋ねた。その時、一緒に見ていた一人が「駄目だよ。きちんと主語をいわなきゃ可哀想だよ」と呟いた。その呟きの本意はよく分かった。相手が日本語が分らないのだから、「切符ありますか」ではなく「あなた切符ありますか」というべきであるという。これが、「あなたはどこまでの切符を持っていますか」となれば、更に分かり易くなるが、これは日本語としての会話としては不適切な言い方である。確かに、西欧語は主語を必要とし、何が主語になるか、日本語では理解しにくい点がある。昔英作文の問題で、「東京の人口が増えた」を「東京」を主語とした英文にするなどなかなか思い浮かばなかった記憶がある。我が家の海外の旅はドイツで始まったといってよいが、アイスクリームが欲しい時、「アイスあります?」ではなくて、「Haben Sie Eis?」(あなたはアイスを持っているか)であるし、「ビールもう一杯」は、「Ich möchte noch ein Bier.」(私はもう一杯のビールを欲する)である。自分か相手か、或いは、誰のことを言っているのか、先ず、それを言う方が遙かに相手には分かり易い形になるようである。この話では、その若い留学生は、「切符」という言葉を知らなかったので、結局は分からなかったが、そうだったとしてもである。

しかし、そうは思いながら、「切符ありますか」の主語は「切符」だよなの思いがあった。

「あなた、切符ありますか」で、「あなた」が主語かといわれれば一瞬戸惑いをおぼえる。日本語の文法として考えれば、「切符ありますか」は、あえて「主語」という語を用いるならば、主語の完備した文なのである。しかし、主語がないと言われてみて、「切符」が主語だとは言い難い思考形態ができていることに気付いた。主語といえば、「誰が」「何が」と考えたくなるという思考形態である。逆の意味では、英語を習い始めた時、「雨が降っている」が「It rains. (It is raining.)」と教わった時には、この文の主語は何なのかをどう考えたらよいのか大いに戸惑ったものである。

日本語の中で、主語をどう考えるべきなのか、主語否定論に加担したい気持が強い、というよりも、「誰が」「何が」を従来いわれているように主語と考えるのがいいのかどうか大いに迷っている。しかし、その迷いの裏で、日本語を学ぼうとする海外の人たちには、「あなた、切符ありますか」のようにいい、「あなた」を主語と考える考え方が分かりやすいということも認めないわけには行かないであろう。これから先、日本語はどうなって行くのであろうか。

第五章　「ある」と「いる」の違い

一　おじいさんとおばあさんがありました

昔々、ある所におじいさんとおばあさんがありました。

昔話『桃太郎』の書き出しである。この文に関し、この頃、「ありました」ではなく、「いました」か「おりました」でなければおかしいという意見を聞くようになった。現実に、そういう書き出しになっている本も見た。そして、その理由は、「おじいさんとおばあさん」は人間なのだから、それに「ありました」は変であるからということであった。「いました」とした所なのだが、それだと言葉の調子が悪くなり、そこで「おりました」となるというものである。我々は、『桃太郎』のような話で、このような書き出しに慣れていた。巌谷小波の『日本昔噺』もそうであったし、『小学国語読本』に載っている物もこうであった。更に、他の話を見ると、『日本昔噺』でも、『小学国語読本』でも、同じスタイルである。

昔々人皇第六十代、一条天皇と云ふ天子様の御宇に源ノ頼光と云ふ、えらい大将がありました。（『日本昔噺』大江山）

昔々まづある処に、爺さんと婆さんがありましたとさ。（同・舌切雀）

昔々俵藤太と云ふ、強い大将がありました。（同・俵藤太）

ムカシ　ムカシ、アル　所　ニ　オヂイサン　ガ　アリマシタ。（『小学国語読本』花咲爺）

むかし、浦島太郎　と　いふ　人　が　ありました。（同・浦島太郎）

長谷川町子の漫画に『仲よし手帖』という作品がある。一九四九年から五一年にかけて、雑誌『少女』に連載された。その中で幼い子どもに本を読んでやる場面があるが、そこでは「ムカシムカシおじいさんとおばあさんがいました…」と「いました」が使われている。

「いる」「ある」の二語をどのように使い分けているか、教室で質問したことがある。先ず返って来た答えは、「いる」は生物に、「ある」は無生物にというものであった。でも、日本語の生物は、動物はもとより植物も入る。「庭に柿の木がある」などという以上、正しい答えではない。

日本語では、「木石」という言葉がある。「人、木石にあらざれば、皆情あり」（『源氏物語』蜻蛉）「人、木石にあらねば、時にとりて、物に感ずることなきにあらず」（『徒然草』四一段）

のように使われた。「木」「石」を同類として、共に、情のないものという意味である。因みに現代語の「木石漢」も、人の情を解さない人である。つまり、「木石」にたいする「人・獣・鳥・魚・貝」などが情を解するものと考えられていた。もし、この分類を適用し、有情には「いる」、非情には「ある」とすれば、先の、生物・無生物という分類よりはすぐれていよう。

実際、「いる」「ある」の二語が、これまでの辞典類ではどう考えられているか、見てみることにした（用例など、語義を考えるのに不要の部分は省略した）。

『日本国語大辞典（初版）』

（いる）　動く物がある場所にとどまって存在する。

（ある）　物事や生物の存在が認められる。

『日本国語大辞典（第二版）』

（いる）　動く物がある場所にとどまって存在する。

（ある）　物事や生物の存在が認められる。

『言海』

（いる）　其処にあり。

（ある）　存在す。

『辞苑』

（いる）　或る場所に止まる。

（ある）　あること。実在。現在。存在。

『辞林』

（いる）　其場処にあり。をる。

（ある）　物事の有ること。実在。

『広辞林』

（いる）　其処にあり。をる。

（ある）　物事の有ること。実在。

『広辞苑（初版）』

（いる）　（主として有情物の）存在することを表す。

（ある）　物が存在する。非情（植物及び無生物）にも有情（動物・人間）にもいうが、口語では、有情の場合「いる」を用いる。

『広辞苑（第二版）』

（いる）　物事がいつの間にかどこからか現れて、物事の出現・存在が認識される。

（ある）　動かずに存在する意。

『広辞苑（第五版）』

（いる）　動くものが一つの場所に存在する意。現代語では動くと意識したものが存在する意で用い、意識しないものが存在する意の「ある」と使い分ける。

（ある）　ものごとの存在が認識される。もともとは、人・動物も含めてその存在を表したが、現代語では、動きを意識しないものの存在に用い、動きを意識しての「いる」と使い分ける。人でも、存在だけをいう時には「多くの賛成者がある」のように「ある」ともいう。

『大辞林（第二版）』

（いる）　人・動物がその場所に存在する。おる。

（ある）　物が存在する。

『大辞泉』

（いる）　じっと動かないでいるのが原義。…人や動物がある場所に存在する。

（ある）　事物が存在する。…広く五感などを通して、空間的、時間的に事物・事柄の存在が認められる意がおおもと。…ふつう人間・動物以外の事物につけて言い、人間・動物については「いる」を用いる。…「強い味方がある」など、人に関しても「ある」が用いられることがあり、この場合は人が概念化・抽象化した立場でとらえられていたり、所有の意識が認められていたりする。

『明解国語辞典』

（いる）（人・動物が）そこにある。

（ある）いる。生きながらえる。

『新明解国語辞典（第五版）』

（いる）（人・動物が）ある時間、その場所を占める状態が認められる。

（ある）見聞きしたり、感じたり、考えたりなどすることによって、その物事が認められる。

『岩波国語辞典（第一版）』

（いる）人・生物、または人に見立てたものが、そこにある。

（ある）存在する。（下略）

『岩波国語辞典（第六版）』

（いる）人、動物がある。

（ある）存在する。…おもに無生物・植物・物についていい、人間や動物には普通「いる」を使うが、話題の物をめぐる時や情況の存在に関心が向かう時は「ある」も使う。

『旺文社国語辞典』

（いる）　動くものがある場所に存在する。

（ある）　存在する（事物・植物に使い、人・動物にはふつうは「いる」を使う）。

『現代国語辞典』

（いる）　生き物が、ある場所で動かない状態にある。

（ある）　物・事情・心情など、実体のあるもの、実体のないもの、実体の未知のものすべてについて、存在することを表す。

「いる」については、「人・動物について、その存在をいう」「動くものについて、その存在をいう」の二通りに分けられる。『岩波国語辞典（第一版）』の「いる」で、「人に見立て」とあるのは、乗り物について、例えば「バスがいる」などというのを擬人化として処理したからであろう。『現代国語辞典』で、「いる」を「生き物が、ある場所で動かない状態にある」と「動かない」を加えたのは、存在の意味を表そうとしたものであろうが、「レースの先頭には彼がいる」などは、明らかに移動しており、「動かない」としたことで、この事例に当てはまらないものとなった。「ある」については、「いる」と対比的に考えられ、「植物・物」「動かない物」の存在を説くものが多い。中で、『日本国語大辞典』『広辞苑』『大辞泉』が「生物・人」

の存在に触れているのが注目される。これは、古語の、「昔、男ありけり」などを視野に入れたからと思える。ただ、『大辞泉』で「人が概念化・抽象化」とあるのは、一般的な意味での存在（具体的にどことということを指定していない存在）を表すとしたものか。「所有の意識」とは、「妻や子がある」「夫や子がある」などと使うことがあるのを意識したものであろう。

二　前にバスがいる

「いる」については、「人・動物について…」という考え方があるとしたが、現代語の中でこれに合わない例は多い。

車に乗っていて、渋滞の列の中に入ってしまったとする。前方を見ると、バスの走っている姿が見える。狭い道や急な坂道など、バスなど遅い車の後につくと前へは出られず、勢いその速度に合わせて走らざるを得ず、思わぬ難儀をするものである。そういう時、

前にバスがいるよ

と思わず口から出る。この時に使う言葉は「いる」である。急な坂を排気ガスを後に残しながら登っている時でも、停留所に止まっている時でもである。「いる」は動いている時も、止まっている時も使う語である。つまり、動いているか止まっているかを意識しない使い方をする。「バス」という「物」であるから「ある」といいそうに思えるが、このような場合、通常は「いる」を用いる。この文脈で「ある」を使うと、何か廃車になって放置されている感じになる。更に次のような例もある。

車に乗りながら、バックミラーに後方から走ってくる白バイが映った時など、

後に白バイがいる

これが、交叉点に止まっているのを見た時でも、「白バイがいるよ」のようになり、この場合も動く・止まるの違いは問題ではない。そして、また、「ある」とは言わない。「交番の横に白バイがある」などというのは、近くに乗り手である警官もいないで、止められているような場合である。

横を凄いスピードで追い抜いて行った車がある。あっという間に、その姿が見えなくなる。しばらく行って、交差点の赤信号で前に止まっている車は、さっき追い抜いて行った車である。この時も、「あれ、まだ、こんな所にあるよ」とは言わずに、「…いるよ」という。「ある」

と使うとすれば、翌日、駐車場などで同じ車が止まっていたのを見たような場合である。
海外で旅をした時、パリの空港に着陸しようとした飛行機の窓の下にコンコルドの姿があった。思わず、

いた、いた、コンコルド

と叫び、後で、同行者からこんな所でコンコルド広場が見えるわけがないのにと思ったと言われたが、この時は駐機している飛行機であったが、やはり、「いる」となった。

「あ、いた」

と、サラが窓外を指さした。
フランス・テレビの雇ったヘリコプターが、谷間の空き地を離陸してオリエント急行を追いかけていた。(阿川弘之「最終オリエント急行」『第二南蛮阿房列車』)
オリエント急行が廃止になる前にと乗車中、同行記者の一人が取材の為にヘリコプターに乗り、上空を飛ぶのを車内から見た場面である。飛ぶヘリコプターも「いる」となる。
隣室への扉のノブに手をかけたとき、ふと窓を見た。

海が下に見えた。
そこに函館政府の軍艦がいた。（司馬遼太郎『燃えよ剣』）

小説の主人公は新撰組の副長であった土方歳三である。函館五稜郭で最期を迎える直前、生涯愛した人お雪と最後の一夜を過ごす夕方、窓から見た港の光景である。

そして、最期を迎える朝、鴻池屋の友次郎に次のように語る。

ただちに函館が戦火の巷になることはあるまい。ここには外国商館がある。港内には外国の艦船もいる。官軍は遠慮をして砲撃はすまい。

どちらの文でも、「軍艦」「艦船」には「いる」が使われている。勿論、どちらの文も、「軍艦があった」「艦船もある」でもよかった。物として見れば、むしろ、これが当然となろう。しかし、この場合、「いる」とすると、描き出された情景がヴィヴィッドなものとなる。「いる」にはその効果がある。

何処かの駅構内にかかり、側線に赤塗りの古い軽気動車が三輛ほどとまっているのがちらりと見えて過ぎた。

「あ、ああ。いたいた、あれがいた」

「何がいたですか」

「ボギーでない気動車は、今どき珍しい」（阿川弘之「欧州畸人特急」『南蛮阿房列車』）

阿川弘之が遠藤周作・北杜夫二人と連れだっての欧州旅行中のブリュッセルからパリへ向かう列車の窓から見ての光景である。「軽気動車」の存在を「いる」としている。

高速道路の料金所には流入制限のためや出口と入口を区別するために信号があるが、それを無視して入ってくる車もいる（ジャフメイト・2000・10）

これも「車」という物であるにもかかわらず「いる」となる。但し、これは「ある」が適切かも知れない。

先に、辞書の類では「いる」の条件を「動きを意識して…」「植物・物に関して…」のどちらかにしているとした。ここでは、「物」に関して「いる」が使われた例を見て来たが、「自動車」「鉄道車輌」「艦船」「航空機」など、いずれも動きのある物であった。中で、「鉄道車輌」と「コンコルド」は止まった状態であったが、動きと関連するといってよかろう。いくら「いる」を使えばヴィヴィッドになるといっても、「外国商館がいる」とは絶対に言えない。この違いは、やはり動く・動かないの違いが来ると考えられる。そうであるとすると、辞書で示された、「いる」の二つの解釈の中で、前者の「動きを意識して…」が「いる」の実体に合っているのではないかと思われて来る。なお、このように「いる」を用いるのは、擬人法にしているからとする解釈もある。「いる」は「人・動物」に関して用いるという考えを守るならば、擬人法とすることで合理化できる。しかし、これまで挙げて来た例のどれを見ても、中で二、三そうとしてもよいものもあるが、それ以外は擬人法というほどに人間を意識した使い方とは思えない。

まへの道路には、あひにく、自動車も人力車もゐなかつた（野上弥生子『迷路』）
荻窪の駅前には、タクシーはむろんのこと人力車もゐなかつた（阿川弘之『暗い波濤』）

「いない」という否定形の例である。「ある」の否定形が「ない」で、「いる」の否定形が「いない」だから、「いる」の範疇で考えてもよかろう。どちらも第二次世界大戦中のことであって、町中で、乗るべき交通手段が得られなかったことをいう。「ゐない」としたのは、「ない」のではなく、「ゐる」かどうかの期待のこもった思いが読みとれる。ここを「なかつた」としても、どちらにしてもなかったのであり、事実としては同じことかも知れない。勿論、それなら「なかつた」でもよかったかとなると、それでは、「ゐなかつた」と書かれた効果は失われる。

三　先生が在った日

古典の中の例は措き、人の存在を「いる」ではなくて「ある」とした例もある。「私には妻子がある」「夫がある身」などの言い方である。これとて、別に物という意識で使ったわけではないだろう。しかし、こういう場合は「ある」が普通である。これを所有を表すとする解釈もあるが、西欧語であればともかく、日本語では、所有という感覚は少なく、むしろ存在の感覚である。

菅野にフィアンセがあるつて騒がれたのは、あの女のことなんだらう（野上弥生子『迷路』）

「菅野」はこの小説の主人公である。遠縁に丁度年加減のよい娘がいて、周囲からは将来は結婚と考えられるくらいの親しい間柄であった。しかし、主人公が思想問題で警察沙汰になったことからすべてが変ってしまう。その後での友人の会話である。この場合「フィアンセ」に「ある」が使われる。これも、所有の感覚はない。以下の例も同様であり、所有ということで理屈が通るかも知れないけれども、日本語の感覚としては合わない。それに、もし、所有という意味で捉えるとするならば、はっきりと「持つ」「有する」などの語を使えばよく、何も「ある」とすることはない。

けれどもお前さんには母親さんといふものが有るぢやアないかエ（二葉亭四迷『浮雲』）
先生にお嬢さんがあることだけは、木曜の面会日に…その隣室にあるピアノの音が、書斎まで響いて来るので…（久米正雄『破船』）
彼処に娘のあるのを知っとるかな（谷崎潤一郎『羹』）
それでどうして子どもがあるんだ（山本有三『女の一生』）
「きみ、お父さんがあるの？」…「ないよ、きみは？」「ぼくもない」（佐藤紅緑『ああ玉杯に花受けて』）
富子には愛人があったのである（大岡昇平『武蔵野夫人』）
あたくしには主人というものがあるわ（三島由紀夫『仮面の告白』）
女主人には亭主があるが、これは床の間の置物であって（獅子文六『やっさもっさ』）
僕には、駒子ってものがあるからな（獅子文六『自由学校』）
あら、あなた、もう奥さんがおありなのね（吉行淳之介『驟雨』）

何言うのさ、熊野に知り合いがある、って連れ出しといて（永井路子『銀の館』）

次の例などは、所有の感覚など全く認められないものである。

彼は正に正面の白い柩を見、耳に読経の声と鐘の響とを聞いて、だんだんいろいろな先生が在つた日の温容や慈語を思ひ出して、瞼の底が熱くなるのを感じながら、一生懸命にそれを堪へてゐた（久米正雄『破船』）

「彼」はこの小説の主人公小野（モデルは作者本人）。先生は勝見漾石（モデルは夏目漱石）である。その葬儀の場に於いて、主人公が如何に先生を敬慕し、限りない尊敬の念を持っていたかを示す内容である。後に、主人公は先生の令嬢に恋慕し、最後は失恋することになるが、この頃は純粋な師への思いであったことを印象づける意味合いがあったに違いない。先生の死に際し、先生とのこれまでを思い、それを「先生が在つた日」というのであるから、存在の意味であったことは間違いない。所有の意味は全くない。

併し斯様な中に唯つた一人、斑井市長を怪んで、何うしても心の解けぬ人が有る（黒岩涙香訳『噫無情』）

余は女と二人、この風呂場の中にある事を覚った（夏目漱石『草枕』）

勝見家には、梅やといふ女中があつて（久米正雄『破船』）
僕等の友人達にこんな悪党があるんだから驚く（谷崎潤一郎『羹』）
「誰か出来る者を連れていけばいいんだから」「誰かありますか」「あります、ヨーロッパの事情に通じた者が…」（立野信之『太陽はまた昇る』）
親切な男があればあるものよ（舟橋聖一『白い魔魚』）
「きっと今晩はお客があるのでしょう」「いいえ、誰もありません」（佐藤朔訳『レ・ミゼラブル』）
「さむらいの訪問者はなかったか？」「ひとり…ありました」（柴田練三郎『眠狂四郎無頼異聞』）
総司は永くはあるまい（司馬遼太郎『燃えよ剣』）
本当に神様があるなら、こんなひどい目にあわせるだろうか（瀬戸内寂聴『余白の春』）
朴烈は同志の中に肺病の者があるから、その者に投げさせるといっていた（瀬戸内寂聴『余白の春』）

ここで挙げた例は、いずれも人の存在をいう語である。このように、人間に関して、「いる」ではなくて、「ある」を使うことがある。このうち、漱石の『草枕』などは文体の関係で使われたともいえる。谷崎『羹』の例のように「悪党がいるんだから…」と置き換えたとしても、少しも不都合のない例もある。「総司は永くはあるまい」は、肺病を病み、体の衰えを見ての話であるから、この例は、「永くはいるまい」は無理である。これは、「ある」の持つ、「いる」にはない意味であろう。「神様があるなら…」も「神様」という超人類であるから、「ある」の方が相応しい。表題に引いた『破線』の例も、亡き先生に対する尊敬の思いで使ったものであろう。「ある」にはそのような使い方がある。ただし、概して、人に関しては、「ある」とあったとしても、「いる」と置き換えられる例が多い。

「君には奥さんあるのか、ちっとも知らなかった」「女房どころか、三つになる男の子もいますよ」（尾崎士郎『人生劇場』）

お客さん、私には女房もある、子供もいる（阿川弘之『軍艦長門の生涯』）

「ある」「いる」の両方が使われている。同語の反復を避けての使い分けと思えるが、この辺からも、人に関して、どちらを使ってもよいと思えるのである。

「私には、女がいる」

あっ、とみんながおどろいた。歳三に女がいる、いないということより、そういうことがあっても妙に隠しだてしてきた…（司馬遼太郎『燃えよ剣』）

新撰組が京からの撤退を余儀なくされ、江戸への道を進まざるを得なくなった時、土方歳三がそれまで隠していたお雪の存在を部下の隊員に告白し、上方を去る前に二人だけで過ごす時間を許してくれないかという場面である。どちらかというと、「私には、女がある」の方が事の内容から適合するようにも感じられるのであるが、しかし、作品の上では「いる」が使われる。

右に引いた中に、『噫無情』の例があった。そこでは「ある」が使われたが、この作品の中には、次のような例もある。

タツタ一人と云ふ其人は、先年懲役場に居たのです其れだから自分の隣室に居る伊、波、西、仏、四国兼帯の娘などにも、時々出入りの折に入口や階段などで行き逢ふ事が有るけれど、…

最初の例は、ジャンバルジャン（同書では「戎瓦戎」。以下同じ）を追い、現在はマドレーヌ市長となっている男をジャンバルジャンに相違ないと睨む刑事ジャベール（「蛇兵太」）が、目前の事件、老人が重い車の下敷きになっているのを救える人物は、かつて懲役場にいて、今は行方の分からなくなっているジャンバルジャンしかないと、本体を明かすように迫る場面である。次の例の「伊・波・西・仏四国」はそれぞれ「イタリア・ペルシア・スペイン・フランス」の四カ国語を使えるの意味であり、これを言う青年の住む部屋の隣に住んでいる、かつては旅館の娘だった人物をいう。悪事を企む両親の許におり、秘かに青年に恋心を抱きつつ、ジャンバルジャンの娘コレット（「小雪」）に恋する青年の思いに嫉妬しつつ、結局は青年のために命を落とす健気な娘である。

この二つの例は「いる」が使われている。どちらも、これまでと違って「ある」は文脈の上で使いにくい例のように思える。そう考えられるのは何故か考えてみたい。

四　まだ終電は「いる」のか「ある」のか

「人」に関して、「ある」「いる」両様の使い方があることを見た。その場合、「いる」が相応しい例、また、その反対に「ある」が相応しい例、どちらを使ってもよい例がある等様々であり、「人」であれば「いる」に限られるわけではなかった。そして、「いる」が使われた場合は文脈でそれが相応しく、「ある」もまたそうであって、どちらにもそれなりの根拠が認められた。それでは、この二語にどういう違いがあるのであろうか。

「物」に戻ってみてみたい。

夜遅くなって駅へ急いでいる時、思う気持は「終電に間に合うか」あるいは「まだ終電はあるかな」である。この時、「まだ終電はいるかな」とは思わない。午前〇時四十七分発が終電である。やっとのことで駅に着いた時間は〇時四十六分頃、広い構内を懸命に走りながら、「間に合うか。まだ終電いるかな」の思いになる。この時は「いるかな」になりやすい。やっとのことで電車に乗って、郊外の駅に着けば、もうバスは「ない」から、タクシー乗り場までの競走である。最初の頃は何台ものタクシーが「いる」。しかし、時間が経過していくうちに、台数は減って行き、そしてあった車はすべて出払い、その段階で駅前にタクシーは「いなく」なる。先に出た車は最初の客を送り届けに行ってまだ戻って来ない。つまり、その時は「いなく」なったのである。しかし、客の行列も少なくなり、時間もかなり遅くなれば、タクシーも家に帰ってしまうのか、やって来るのも間遠になり、そのうちにいくら待っても来なくなる。つまり、駅前タクシーは「なく」なってしまった。

「ある」「いる」「いない」「ない」、このように、その場に応じて言葉も変わって行く。繰り返しになるが、「ある」「いる」は、そのあり方に関わるために、その違いが明確に認められるが、「ない」「いない」は、その基になる事実は同じである。そのため、違いは微妙である。

街へ出ると、私は時計を見た。午後七時三十分だ。
（しめた！　まだ上野行きがあるぞ）（森拾三『奇跡の雷撃機』）

著者は海軍の飛行機操縦士である。暮れの大晦日、茨城県の霞ヶ浦海軍航空隊に出張するが、暮れの事とて、正月明けまではと取り合って貰えず用が果たせない。そこで、上官の口から出た言葉は「四日まで全員消えてなくなれ」。思わぬ臨時休暇となった。咄嗟に、埼玉県の実家に帰ろうと思いついた場面である。「上野行き」は常磐線の汽車であるが、これは、先ほどの終電のように「いる」ということはない。「ある」である。もし、「いる」を使うならば、或る時刻に駅発の汽車がまだホームに停車しているの意味合いになろう。「ある」であれば、限定された、ある汽車が乗れる状態で停車しているという意味ではなく、まだ数便の汽車があるということである。先ほどの「終電はあるか」と同じ文脈である。以上のことを基にしてみると、こういうとき、「いる」となるのは、或る具体的な場面の中で、その物が存在するということであり、しかも、その時に、その物がそこに存在し、時間が経てば、そこから動いて行くという要素を持っている。「いる」は、そういう物の存在をいう。家路を辿り、遅れまいとして「終電はあるかな」と思ったのは、ホームに停車し、発車の時刻を待っている終電の姿を意識しているわけではない。まだ、終電という交通機関が運行しているかなの意味である。駅に着けば、頭の中は、具体的な終電の姿に変わる。そうなると、言葉も「いる」となる。タクシーの場合もそうであり、数台の車を見れば「いる」であるが、何分待っても来なければ「ない」となる。

前に「バス」「白バイ」「疾走する車」などの例を引いた。「物」であるにもかかわらず、「いる」を使っていたが、そうなった要因に「動き」が認められるとした。それは、多くの辞書の解釈でもあった。「バス」なども「いる」とするから走っている描写になるので、「ある」とすれば、そこに置かれた物となる。その場合、停留所に止まるバス、交叉点に停車して安全な交通を見張る白バイ、駅に停車している軽気動車や終電車、海に浮かぶ軍艦・艦船、それなどは、動きを止めているものであっても、それでも動きに関する物と考えられるので「いる」が使われる。そこに「ある」との違いがある。更に、「いる」の場合、動きを意識するというのは、次にはどこかに移動することを考えるということであり、存在は時間の流れの中の、ある時のことということになる。

先に挙げた例の中で、『迷路』のそれは「自動車も人力車もゐなかつた」と、打消の文であるが、「いる」が意識されていた。「いない」でも「ない」でも、姿が認められないことに違いはない。戦争中といってもまだそれほどに深まっていない頃、戦争の影響は顕著であるといっても、本格的な空襲はまだ始まっていない頃である。その頃は、自動車も人力車も走っていて、それに乗ろうという期待の思いが「ゐなかつた」となったのであろう。文字通り「あひにく」である。『暗い波濤』の例は「タクシーはむろんのこと人力車もゐなかった」であるが、ここは、海軍予備学生から任官して少尉となり、ラバウル・トラックなど一年余の南方生活を経験して帰国した人物の話であって、家のある東京中央線の荻窪駅に着いた場面である。一九四四年の一一月であって、既にサイパンは陥落しており、東京はまだ激しい空襲に遭ってはいないが、夜間偵察などの米軍機は飛んでいた頃であるから、「タクシー」「人力車」などなかったであろう。この「ゐなかつた」もまた『迷路』と同じ理由で使われたものであろう。

五　人の存在

人の存在の表し方について考えてみよう。

前に引いた例の中に、「先生が在つた日の温容や慈語を思ひ出して」（『破船』）という例があった。この場合、「在つた」とあるのは、先生存命中のことをいう。「ある」の打消しの形は「ない」であるが、「『きみ、お父さんがあるの?』…『ないよ、きみは?』『ぼくもない』」（『ああ玉杯に花受けて』）とあるのも同様の意味である。たとえば、父親の留守に「お父上は?」と聞かれ、「ないです」と答えることはあるまい。これでは、一般的に存在しないということになる。今、不在であることをいうならば、「いません」といわなければならない。つまり、人に関しても「ある」を使うことができるが、その場合、存在の事実を説明する表現となる。「私には妻子がある」「夫のある身」というような言い方のあることを書いたが、これは、「今、家にいる」などといったのとは違い、そういう事実があると説明する表現なのである。ただ、「いる」「ある」をごく近い意味で使った例もある。

「君には奥さんあるのか、ちっとも知らなかった」「女房どころか、三つになる男の子もいますよ」(尾崎士郎『人生劇場』)

飛行機で死んだ人があるから、飛行機に乗ってはいけない。水に溺れた人がいるから、水泳をしてはいけない(阿川弘之『ぼんこつ』)

お客さん、私には女房もある、子供もいる(阿川弘之『軍艦長門の生涯』)

この「ある」「いる」の使い分けに特に意味があるとも思えない。最後の例は、五・一五事件の際に、反乱軍の将校にピストルを突きつけられたタクシー運転士の言葉として描かれたものであるが、危険に際して狼狽している様を読みとることはできるが、「ある」は説明で、「いる」は描写であるという意図があったとは思えない。だからといって、「いる」「ある」が同じ意味の語とはいえないのである。

六　「いる」と「ある」とは意味が異なる

「いる」「ある」の使い分けの基準を考えてきた。その基準としては、従来、次のようなものがあった。

（いる）	（ある）
①生物	無生物
②人・動物	植物・物
③動くもの	動かないもの
④時間が経てば移動して行く存在	時間が経ってもそこにある存在

①については、今は殆ど考えられることがない。②はこれを考える人は多い。③は辞書の中では多い考えである。④は本書で考えたものである。このうち、①から③は、何があるか、そのある物からされる区別である。言い換えれば、主語が何かによる区別ということである。更

にいえば、「いる」「ある」の違いは、主語が何かということだけの違いとなるわけである。④は、存在のあり方をいう。これは、「いる」「ある」の語の意味の違いであって、①から③までとは考える次元が異なっている。

①から③までのように主語は何かによって使い分けがあったとしよう。例えば「Aがある(いる)」という文で、これを②の立場で考えるとすれば、「A」が「人・動物」か「植物・物」かによって「いる」にするか、「ある」にするかを考えることになる。その場合、次のような思考回路となろう。「A」が「人」であったとする。人間であるから、述語動詞は「いる」となる。逆に、述語動詞から考えれば、「いる」であるから、存在の主体は「人」もしくは動物であると考える。「Aがある」であれば、「A」が「物」であるから「ある」、述語動詞が「ある」であるから主体は「物」ということになる。しかし、これでは、主語で考えた同じ内容を述語動詞の所でも考えることになる。「A」が、「人」であるか「物」であるかは誰にでも理解できるはずであるのに、それを、存在を表す語の段階でもう一度意識しなおすということになり、そのようなことがあり得るだろうか。主語が何であるかを基準にして存在の動詞が定まるということは、非能率的であるし、また、合理性に欠けるように思う。更に、日本語では、主語ということについての疑問が提示されている。主語を否定する議論さえある。そうなったとき、主語に頼って、「いる」か「ある」かを定めるなど、結局は無意味になるのではないだろ

うか。かつて、古語の完了の助動詞「つ」「ぬ」の使い分けが前に来る他動詞・自動詞のどちらかによるという議論があり、しかし、日本語の中での他動詞・自動詞の区別が無意味ということになったとき、それに基づいた「つ」「ぬ」の弁別も無意味となったが、主語と関連させての「いる」「ある」の区別には、それと同じことがあるように思えてならない。

④の立場に立ったとき、たとえば、人や動物には「いる」が使われやすい、植物・物には「ある」が使われる、確かに「いる」「ある」が、何かによって区別されているようにも見える。本書では、「いる」は次の時には変わると考えているが、たとえば「外国商館」というものがあったとして、これは次の時にも変わるものではないから、「外国商館がある」となるのは必然である。「外国商館」は「物である」、或いは、「動くものではない」、だから、「ある」となるというのではなく、時が経っても変わって行くものではないととらえられるから「ある」としかなり得ないのである。

このように考えると、「渋滞の列の先頭に動きの遅いバスがいる」という使い方は理に適ったものであるといえよう。しかし、時として、「いる」は「人・動物」に使い、「ある」は「植物・物」に使うという区別に固執する人がいて、この「渋滞の云々」の使い方をして、これは原則に合わない、つまり、例外である、更には、日本語は例外が多いと発展して行くことがある。しかし、これとても、その出発は「『いる』は『人・動物』に云々」にあり、それが日本語の事実に合わないから起こった問題なのである。もし、「いる」「ある」の理解を正しく行っていたならば、そういう問題は起こらなかった筈なのである。

従来、「いる」「ある」の使い分けは主語が何であるかによって決まると説明されることが多かった。本書では、それは違うとして、「いる」「ある」の使い分けは意味の違いであると考えた。多くの人は、この二つの考えを比較して、前者は分かり易いが、後者は分かりにくいという。主語云々ということは、英語教育からの影響もあるのだろう、容易に頭の中に入って来るものであり、それに基づいた、前者の考えが分かり易いということもあると思う。しかし、前者の考えは、主語云々から発するものであるが、主語は西欧語の影響で生まれたものであるし、主語を基準にしたものと、日本語の表現の実体が合わない例は当然のことながら多い。前にも書いたことであるが、「彼地に骨を埋める覚悟でアメリカに渡る」の「骨を埋める」主語は「自分」であろうが、それは理屈に合わない、非論理的な表現ではないかと言われたことがある。テレビの野球の中継を見ていたら、ピンチを迎えた守備側に関して、解説者が「いろいろなことが、考えなければならない場面です」と言った。「が」を主格とする考えに立てば、問題になる表現だろうと独り考えていた。ただ、これは口頭語であり、それこそ「舌の滑り」として、助詞「を」を「が」と言い間違えた、或いは、「考えられなければ」が正しいのに、不注意に言い間違えたなどの説明がつけられるであろう。そして、口頭語はその場で思いつついた発言であるため、話し手の本意に反した言い方も多く、これも、その一例といえもするが、もし、英語であっても、このような主述の食い違いは起こるのだろうかとも思った。ただ、これとても、「が」の解釈如何によっては、このようなピンチの際には、攻め側にいろいろな策があり、その「いろいろなこと」が、守備側に「考える」必要性をもたらしたとすることで、論理的であるということにもなる。しかし、これをそのように考えて論理的であるとするよりも、主格の論理に合わないから非論理的であるとする方が、考え方としては分かり易い。

「が」が主格であるというのは、西欧語との関係の中から出来上がった考え方であり、本来の日本語にはなかった。とすると、「いろいろなことが…」というのを非論理的とするのは、「が」を主格とする考え方が出来たからといえる。このように考えると、主語を判断の基準に置いたことが、日本語を正しく理解することを妨げ、混乱させるもとになったことになる。西欧語に合わせて、「が」を主格としたことに根本の問題があるのである。

「いる」「ある」にしても、現在は、「生物に対して用いる」はなくなって来たにしても「人・動物に関して用いる」や、それを発展させて「動くものの時に用いる」と主語を判断の基準に考えることが多い。主語から考えるということが納得し易いからであろう。しかし、それであると、一般によくある、「妻子がある」「夫がある」のような言い方は合わない。また、「人・動物云々」であると、「渋滞の列の前にバスがいる」「白バイがいる」なども同様である。

それを合理化するために、所有という概念を考え、或いは、擬人法という判断をする。しかし、これは日本語の自然の発想に馴染まないように思う。これまで考えて来たことを改め、「いる」は「時間の経過につれて変わると思われるあり方」、「ある」は「そのままそこに存在し続けるあり方」とすれば納得でき、主語の如何によって使い分けると考える必要はない。ただ、長い間持ち続けて来た考えは、そのように考えることが素直なものとなってしまう。「時間の経過に…」「そのままそこに…」などは正しい考え方と思うが、分かりにくく、主語如何で考える方が分かり易いとなるのである。そうなると、時代の成り行きに任せる以外にないと思いたくなるのであるが、如何に対処するのがいいか、考えなければならないことである。

日本語は論理性に欠けるといわれる。それでは日本語の論理は何かと考えて行けば、西欧的な論理とは異なるものが浮かびあがって来る。それを明らかにしたいと思いつつ、それではどちらが受け入れ易いかと自問したとき、西欧的なものという答えが出るという矛盾はどう考えるべきであろうか。

七　「ある」と「いる」との歴史

既に、「ある」と「いる」とが歴史的にどう変わったかの簡単な過程は、「ある」と「ない」との関係を考えた際に論じたことであるが、ここでもまた、この二語の歴史的な問題について考えてみたい。

古代語の中では、「人・動物・物」に限らず、存在を示すには「あり」（「ある」の古語形）が使われた。

玉島のこの川上に家はあれど君をやさしみあらはさずけり（『万葉集』五・八五四。作者未詳）

（玉島川のこの上流に家はあるけれどあなたに対し恥しかったのでどこかは明かさなかった）

伊香保風吹く日吹かぬ日ありといへどあが恋のみし時なかりけり（『万葉集』一四・三四二三）

（伊香保風の吹く日吹かぬ日はあるというけれど私があなたを恋しく思う気持ちはいつという時

はない状態です）

今は昔、竹取の翁といふものありけり（『竹取物語』）

昔、男ありけり（『伊勢物語』）

あくる年の二月に、春宮の御元服のことあり。（『源氏物語』澪標）

我は位にありし時、過つことなかりしかど、おのづから犯しありければ（『源氏物語』明石）

「家」「日」「人」「行動」など、様々の物事に関し、その存在を「あり」をもって表していて、それに対し「ゐる」は次のように使われた。

坊にも、ようせずば、この御子のゐ給ふべきなめり（『源氏物語』桐壺）

桐壺帝が余りに源氏を大事にすることから、弘徽殿女御が、東宮の位にも自分の生んだ第一子をさしおいて源氏がなってしまうのではないかと不安な思いに駆られたことを述べたものである。右に示した例の中の「位にありし時」のような場合は、「位にある」状態が継続していて、そこに「あり」の意味があった。それに対し、「ゐる」は、この例でいえば、東宮の位に源氏が着くことを意味しており、言い換えれば、今はその位にはなく、これから先に即位するという動きを示している。「あり」との相違点である。「ゐる」がその意味である限り、先の「明石」のような例の時には、「位にゐし時」とはなり得なかったのである。「ゐる」を使えば、「自分が天皇の位に着いた時に」のような意味になり、それでは、この文脈に合わない。「あり」「ゐる」を使い分けるのには、いうまでもないことながら、それなりの理由のあったことが分かる。

「あり」「ゐる」の例を更に示してみよう。

源三位入道の嫡子仲綱のもとに、九重に聞こえたる名馬あり（『平家物語』競）
（源三位入道の嫡子である仲綱の所に、宮中に名の知られた名馬がいる）

これは、「名馬」即ち「動物」について述べている。このように、「人・動物」についても「あり」が使われる。この場合も、存在している様を述べるのであるから、「あり」が使われて当然である。

三輪山をしかも隠すか雲だにも心あらなも隠さふべしや（『万葉集』一・一八。天智天皇か）
（三輪山をそのように隠しているのか、雲でさえも思いやりがあって欲しい。隠し続けることはできないだろう）

「雲が思いやりを持って欲しい」の意味として、しばしば「所有」の概念で説明されるが、むしろ思いやる心の存在を求める意味に解するのが妥当であろう。

大君の　遠の朝廷と…後も逢はむと　慰むる　心し無くは　天ざかる　鄙に一日も　あるべくもあれや（『万葉集』一八・四一一三。大伴家持）

（大君の遠い田舎の朝廷と…後にも逢えるであろうと慰めることができなければ都離れた土地に一日でもいられるだろうか）

一日でも多く長生きして欲しいの意味である。これも、存在の継続を求める意味である。

望月の明さを十あはせたるばかりにて、ある人の毛穴さへ見ゆるほどなり（『竹取物語』）

（満月の明るさを十倍したほどで、いる人の毛穴までが見えるほどであった）

そこにいる人の意味である。

京にはあらじ、東の方に住むべき国求めにとて（『伊勢物語』第九段）

（京にはいられまい、東の方に住むことのできる国を求めにと思って）

京で生きて行くことはできないの意味である。ここでも「あり」は存在の継続を意味している。

世の中こそあるにつけてもあぢきなきものなりけれと思ひ知るままに久しく世にあらむ者となん更に思はぬ（『源氏物語』須磨）

（世の中は生きているにつけてもつまらないものであるのにと分かるままに、今後長く生きていようとは全く思っていない）

「この世にいたくはない」というのであって、先の『伊勢物語』の例と同じである。

この頃ある人の文だに、久しくなりて、いかなる折り、いつの年なりけんと思ふは、哀れなるぞかし（『徒然草』第二九段）

（この頃いる人の手紙ですら、貰ってから長い時間が経って、それがどんな時、いつの年だったのだろうと思うのはしみじみとした思いになるものだ）

今、生きている人の意味であり、存在の意味を表す例である。

「三輪山を」以下、人に関する「あり」の例を見たが、何時・どこで・どういう人がという意味でないことがわかる。つまり、いつと限定せず、その存在を示している。

『竹取物語』の例は、かぐや姫が月の世界に帰る場面で、月の世界の人からかぐや姫を守ろうとする人の様であり、具体的な場面を描写したものといえる。しかし、この例も、特に誰がというのではなく、そこにいる人全体について言っているのであって、その意味で具体的に様子を描いたものとはいえない。

次のような例もある。

いづこにも、今日は物悲しう思さるるほどにて、御返りあり（『源氏物語』賢木）

（どこでも、今日は桐壺帝の忌日で物悲しく誰もがお思いになる時であって、藤壺から御返事があった）

「これもあまたにうつろはぬほど、目とまるにあらん。花の盛りに並べて見ばや」など、の給ふに、御返りあり。（『源氏物語』若菜上）

（「この梅の花も、他の花が咲かないうちなので目移りもせずに、注意が向くのであろう。花の盛りに並べて見たいものだ」とおっしゃると、女三宮からの御返事があった）

山里人にも久しう訪れ給はざりけるをおぼし出でて、ふりはへ遣はしたりければ、僧都の返り事のみあり（『源氏物語』若紫）

（北山にいる人にも長い間訪問しなかったことをお思い出しになって、わざわざ使者を遣わした

ところ、特に僧都の返事があった）

返事が来たということを、受け取った側から表現したものである。「返り」もしくは「返り事」があったという形で、返事を寄越したというような、その動作の直接的な描写とすることを避け、それによって、その人への敬意を示した表現である。この場合、一つの事件を述べたものであるが、何らかの具体的な行動を起こしたわけではないし、その「返り事」「御返り」が動きを見せるはずもないとして、「あり」が使われる。

これに対し、「ゐる」は次のように使われる。

君が代は千代に一度ゐる塵の白雲かかる山となるまで（『後拾遺集』賀・四四九。大江嘉言）
（あなたの時代は千年に一度かかる塵が積り白雲のかかるような高い山となるまで続いて欲しい）

「ゐる」は塵がどこかから飛んで来て、そこに溜まることをいうが、「塵」は風などに飛ばされる物であり、この場合も、どこか余所から来て、そこに落ち着くの意味があった。

み雪降る吉野の嶽にゐる雲のよそに見し子に恋ひ渡るかも（『万葉集』一三・三二九四。作者未詳）

（雪が振る吉野の岳にどこからか吹かれて来てかかる雪のような、私には無縁な物と思って見ていた人に恋い続けていることだ）

「ゐる」のは雲である。雲は風に吹かれて空を移動する物であり、空を流れて来た雲が、吉野の嶽にかかるという意味である。先の「塵」の場合もそうであったが、この歌では、それぞれ、「山にゐる」「嶽にゐる」と、じっとしているということは考えられない。風に吹かれてそこに来て、山にかかるの意味になる。

立てば立つゐればまたゐる吹く風と波とは思ふどちにやあるらむ（『土佐日記』）

「立てば立つ」は「風が吹くと波が立つ」、「ゐればまたゐる」は「風が治まると波も治まる」の意味であって、「風・波」に「ゐる」を使っているが、どちらも、それまであった動きがなくなる（物が動かなくなる）という意味である。

いづくにか月は光をとどむらむ宿りし水も氷ゐにけり（『千載集』冬・四三九。左大弁親宗）

「氷ゐにけり」は氷が張った状態を示すが、水の間は動いていた水面が、氷が張って動かなくなり、それまでは立つ波ごとに反射していた月の光が氷面全体を一様に照らすことになったという意味である。

梶原、この詞に腹がゐて（『平家物語』「生食《いけずき》の沙汰」）

梶原は自他共に認める源頼朝第一の寵臣。平家討伐の出陣に当たって頼朝の持つ名馬「生食」を所望したところが断られ、代わりに「磨墨《するすみ》」を与えられた。陣中に頼朝の馬屋にいる筈の「生食」が現れる。聞けば、佐佐木が頼朝から拝領したということで、自分の所望した時は断ったのに、何故、佐佐木にそれを与えたのか、そんなことなら、この場で佐佐木と差し違え、頼朝の鼻を明かしてやろうかという思いになるまでに、激しく腹を立てる。この梶原の怒りを察した佐佐木は、実は、貴方でも貰えなかった馬だから、自分にはくれる筈もなく、実は盗み出したのだと咄嗟の機転を利かせた言い訳をする。それが、「この詞」であり、それによって腹立ちも治まったという文である。この「ゐる」も腹の中にうごめいていた激しい腹立ちがなくなり鎮まるという意味である。

このように、「ゐる」は人・動物はもとより、「塵」「雲」「風」「波」「氷」「腹立ち」などに使われている。いずれも動く物が動かなくなり、その場にじっとするという意味である。そして、それは、或る一時点のことを描写するものである。それだけ、「ゐる」の表す内容は「あり」と比べて具体的である。「あり」と「ゐる」の違いである。更に次の例を見よう。

ありつつも君をば待たむ打ち靡くわが黒髪に霜の置くまでに（『万葉集』二・八七。磐姫皇后）

（このまま同じ状態を続けてでもあなたのお出でを待っていよう。私の靡いた黒髪に霜が置いたように白髪になるまでも）

居明かして君をば待たむぬばたまのわが黒髪に霜は降れども（『万葉集』二・八九。磐姫皇后）

（床に横になることもせず夜を明かしてあなたのお出でを待っていよう。私の黒髪に霜が降ったように白髪となっているけれど）

この二首は伝承の違いから生じたもので、同じ歌といってよかろう。第一句は「ありつつも」と「居明かして」と違うが、現代語の訳にも示したように、「ありつつも」は、存在の事実を示すだけであって、特にどのような行動をするかを示すものではない。それに対して、「居明かして」は「すわったまま（＝横にならずに）」であって、その行動の内容が示され、描写は具体的なものとなっている。そのように考えると、現代語の「いる」は、古語の「ゐる」と意味の共通性もあり、それを受け継いだ語であることが歴史的にも認められるのである。

八　「存在」の表現

「あり」は存在を表した。植物・物だけではなく、人についてもその存在を表す時に使われた。「昔、男ありけり」など、その例は多い。「人」について使われるのであるから、動物の場合も「鳥ありけり」「魚ありけり」などの例があっていいように思うのであるが、これまでその例に出会った記憶がない。この記憶が誤っているかも知れないし、また、実際には、その例は多いかも知れない。しかし、あったとして、「昔、○○の海に一匹の魚ありけり」などという言い方は、擬人的に感じられ、自然な言い方のようには思えない。すべてが不確かな状態での弁であるから何ともいえないのであるが、動物について使わないのは、「あり」の意味にかかわるのではないかという勝手な想像をした。「あり」の表す存在とは、或る時間にわたって継続することである。「人」の場合、同じ状態で存在を続けるのは可能である。しかし、獣・鳥・魚などがそうしているのは、不自然な感じである。「山道を歩くに、一頭の熊あり」などはあってもいいと思うが、果たして、このような言い方があっただろうか。ないと断定することは難しいが、もし、それがなかったと確かめられるならば、それには「あり」の意味がかかわった関係が確かめられることになる。

ここで述べた勝手な想像とは関係なく、「ゐる」は、それに動く要素があれば、たとえ「雲」「氷」など、いわゆる「物」であっても、それについては「ゐる」を使った。それは、現代語にはない用法である。それは、或いは、和歌などの限られた修辞法であるかの感もあるが、果たして、それが散文の中ではないものかどうか、確かめられていない。日本語の発想を捉えるということからすれば、これでは不十分な議論といわざるを得ない。その「いる」が「人・動物」ということに関しては一般的になって来た。つまり、「人やある」（『平家物語』）から「誰かいるか」への変化である。かつては、これを主語認識の問題と自分も考えていた。つまり、古語では、存在を表す時に、「人・物」に限らず、すべてに「あり」を用いるのは、主語が何かで区別する意識がなかったからであり、後の時代になって、「人・動物」の場合は「いる」、「植物・物」の場合は「ある」と使い分けるようになって、それは存在の主体を意識するからであるとした。しかし、それは間違っていたと思う。「いる」「ある」の違いは、何が存在するかにあるのではなく、存在の仕方が違うことにあるからである。つまり、「いる」は、動いて来てそこにある、そして、次にはどこかへ動いて行くと考えられる存在であり、「ある」はそのままそこを動かない存在であるという意味の違いがこの二語にあって、それが使い分けの基準と考えられるのである。

このような、「いる」「ある」の違いには、古語「ゐる」「あり」の意味の違いが影響したことは間違いない。「ある」と「あり」との間に、さしたる違いはない。「いる」と「ゐる」とにはかなりの違いがある。「ゐる」には、動きを止めるという意味があり、「いる」にはそれがない(「いても立っても」「立ち居」のような場合にはその意があるが)。

「人」の場合、使用の実体から考えて、従来の「あり」に変わって、「いる」が使われる傾向にあるといってよかろう。これは、人々の考えが、「人」の場合は、その存在を「いる」的に捉える傾向が増えたということである。「いる」的にということは、「いる」の表す意味、即ち、その動きの瞬間で捉えるということであって、そこに日本語の思考のあり方が変わって行ったということなのである。「あり」から「いる」への変化の中で、そういう日本語の思考形態の変化を読みとることができる。ただ、そこに、西欧語の影響に基づいた、主語云々から考える思考形態も加わって来た。、この、後者の面での影響は今後ますます強くなるのではないか。

第六章　再論・助動詞「つ」

――『源氏物語』をどう読むか

一　「つ」「ぬ」、これまでの解釈

助動詞の「つ」「ぬ」の二語については、前に来る語如何によって使い分けられたという説が古くから考えられていた。これは、「つ」「ぬ」の用例を見れば、例えば「聞く」であれば「聞きつ」と「つ」が付くのみであるが、「散る」では「散りぬ」と「ぬ」が付くのみであるというように、「つ」が使われるか、「ぬ」が使われるか、前に来る動詞で差があるように見えたからである。江戸時代に本居宣長『玉あられ』の中では、二語の違いを次のように説明している。

詞によりて下を、「つる」といふべきと、「ぬる」といふべきとの差別あり。たとへば、「あり」といふ詞の下は、必、「有つる」とのみいひて、「有ぬる」といふことはなし。「見る」「聞く」も、「見つる」「聞きつる」といひて、「見ぬる」「聞きぬる」とはいはず。又「散り」「降り」などは、「散りぬる」「降りぬる」といひて、「散りつる」「降りつる」とはをさをさいはず。又「つる」にても「ぬる」にてもよき詞もあり。又、「つる」「ぬる」といふを、事によりては、「たる」といひてよき所あり、「ける」といひてよき所もあり。然るに近き世の人は、これらのわきをしらず、みだりなる中に、「つる」といふべきを、「ぬる」といふことの殊におほき也。大かた初学の輩などは、「つる」といふことをば、しらざるが如くにて、皆「ぬる」といへり。又「たる」或は「ける」といひてよき所をも、今の人多くは其味をしらず、皆「ぬる」といふ。これら古の歌に心をつけて、つねによく見おきて、その例をしるべき也。（引用に際して読みやすさ等を考えて表記・句読点等改めている）

ここで、宣長は、「有り」「見る」「聞く」の後には「つ」とだけいって「ぬ」とはいわず、「散る」「降る」の後には「ぬ」とだけいって、「つ」とはいわないとして、動詞の中には、後に「つ」が付くか、「ぬ」が付くかの決まっている語があるとした。ただ、その後に、「『つる』にも『ぬる』にもよき詞もあり」といって、後に「つ」「ぬ」のどちらも付く動詞があり、語によって使い分けるという区別がすべての動詞に及ぶわけではないことも示した。更に、「つ」「ぬ」というのを、「たり」を使っても、「けり」を使ってもよい場合があるとしている。これは、「つ」や「ぬ」が使われる所に、「たり」や「けり」を使っても意味が変わらないと言っているとしか思えないが、語が違っても意味が同じという考えは、今の立場からは納得できな

い。室町時代の例であるが、宗祇『詠歌大概註』で、

道の辺に清水流るゝ柳陰しばしとてこそ立ち止まりつれ（『新古今集』夏・二六二。西行）

の歌に関して、この第五句に「立ちどまりけれ」の異文があることを問題とし、『つれ』にても『けれ』にても心同じ」と、「つ」「けり」が同じ意味で使われることを説いている。しかし、これは「つ」「けり」共に、平安時代の意味が正しく理解されなくなって来た時代の説である。宣長がこういう説に基づいたとは到底考えられないし、この部分での宣長の真意は理解できない。この四語は、それぞれ、平安時代までは、それぞれ、独立した機能を持ち、異なる意味で使われていたのであるから、互いに取り替えても意味が変わらない場合があるというのは納得できない。宣長の中には、或いはもっと別の深い考え方があったのであろうか。

「つ」「ぬ」の二語が、前に来る動詞の違いによって使い分けられたとする区別は後の時代にはかなりの人に支持されていた。繰り返しになるが、宣長は、語によっては、「つ」も「ぬ」も、どちらも付く動詞があり、動詞によって区別されることはないとしている。この、動詞による区別説に対し、小林好日は、どちらにも付いた例があることから、その区別は正しくないとした。しかし、最近でも、鈴木泰は「基本的にはヌ形は変化動詞の完成、ツ形は動作動詞の完成を表す」（「古代日本語における完成相過去形（ツ・ヌ形）の意味」『国語と国文学』七九巻八号）

としているが、違いは「変化動詞」「動作動詞」であるから、鈴木は動詞による区別があるという立場を取っていると解される。

既に宣長もいっていたことであるが、用例から見る限り、「つ」「ぬ」の使い分けを動詞に求めることは正しくない。また、宣長が挙げた語の中でも、必ずしもその例は多くないが、「降る」などは「降りつる」といった例も認められる（なお、『新編国歌大観』には「聞きぬる」「散りつる」といった例もあるが、本文の問題もあるので除くことにした）といった例もあって、必ずしもその発言通りではない。

「降りつる」の例は次の通りである。

秋の夜に雨と聞えて降りつるは風に乱るゝ紅葉なりけり（『後撰集』秋下・四〇七。よみ人知らず）

（秋の夜に雨が降り、これで紅葉も一段と色増すと期待したのは実際は風に吹かれて散る紅葉であった）

この夕降りつる雨は彦星のと渡る舟の櫂のしづくか（『新古今集』秋上・三一四。赤人）

（この夕べに困ったことに降った雨は彦星が川を渡る舟の櫂のしずくであるのか）

我が袖に降りつる雪も流れゆきて妹が手本にい行き触れぬか（『万葉集』十・二三二〇。作者未詳。「降りつる」の表記は「零鶴」。なお、「日本古典文学全集」では、「ツは他動詞に、ヌは自動詞につくといわれるが、時に例外がある。他動詞にヌがつくのは特に継続的または習慣の事実として述べる場合であり、自動詞にツがつくのは瞬間的事実を述べる場合と考えられる。ここは、「たった今眼前をよぎった雪片をとらえたのであろう」という頭注がついている。この解釈は前の二首の場合には成り立たない）

（私の袖に降って濡らした雪も流れて行っていとしいあの人の袖に触れないのか。触れて欲しい）

なお、「ありぬる」の形は、『源氏物語』で見る限りその例は見られない。しかし、「ありぬべし」の形では数多くの例がある（逆に「ありつべし」の例は極端に少ない。ただ、それは数だけの問題である）。それから考えると、「あり」と「ぬ」とが連続しないということにはならないであろう。しかし、「ありぬる」がないことでは、宣長の記述には合致している。

「つ」「ぬ」の二語が、前の動詞如何で使い分けられるという考えには賛成できない。例えば「見ゆ」などでは、

吹く風の色の千種に見えつるは秋の木の葉の散ればなりけり（『古今集』秋下・二九〇。よみ人知らず）

（吹く風の色が数多くの色に見えたのは秋の紅葉した木の葉が散ったからである）

思ひつつぬればや人の見えつらむ夢と知りせば覚めざらましを（『古今集』恋・五五二。小野小町）

（毎晩思って寝たからあの人が夢に見え、私の思いが通じたのだろうか。夢と分かっていたら眼ざめなければよかったのに）

がある一方、

世の中を思ひ捨ててし身なれども心弱しと花に見えぬる（『後拾遺集』春上・一一七。能因法師）

（世の中を心の中では捨てて出家した身であるけれども、心が弱いと花に見られてしまった）

大将殿、かう静かにておはするに、世ははかなきものと見えぬるを、ましてことわりと思しなして（『源氏物語』賢木）

（大将殿は、このように静かでいらっしゃる時に、世はあっけないものと見えたのを、一層、道理と思いなさって）

などの例もあるように、「見ゆ」には「つ」「ぬ」どちらも続いているのである。同じように、「つ」も「ぬ」も続く動詞の例は多くあるのであって、そこから考えても、この二語の使い分けが前に来る動詞によって決定されたのでないことは明らかである。

もし、「つ」「ぬ」二語に意味の違いがなく、意味の違いは動詞だけの問題で、例えば「見つ」が「見た」、「降りぬ」が「降った」のようになるとしたならば、それは、動詞を見ればよいだけのことになり、何もそこに「つ」・「ぬ」といった、違う語を使う必要はないことになる。そのようなことで「つ」「ぬ」を使ったというのでは、言葉として余りにも無意味である。「つ」には「つ」の意味、「ぬ」には「ぬ」の意味がそれぞれあった筈である。それが動詞との関係で使い易い・難いが出る。例を挙げて考えてみよう。例えば、「散る」であれば「散りぬ」となる場合が多いが、これが「散らす」であれば「散らしつ」となる場合が多い。恐らく、前者「散る」には「つ」が付きにくく、後者「散らす」には「ぬ」が付きにくかったのであると思う。動詞の違いを考えると、「散る」は誰かがそうしようとしてなった事ではなく、事の自然な動きとしてそうなった。これに対して、「散らす」は、誰かがそうなるように仕向けた結果の動きである。そして、それに応じて「つ」「ぬ」が使い分けられ、そこから二語の意味を、動詞の意味に合せて、それぞれ、意図的な完了、自然的な完了と考えるのならば、「つ」「ぬ」の二語には、独自の意味がないことになって、それでは異なる二語を用意する必要はないのではないか。古語の「る・らる」「す・さす」「り・たり」、現代語の「れる・られる」「せる・させる」「う・よう」などは、それぞれ二語の間に意味の違いがなく、前に来る動詞の活用の違いで使い分けられる。しかし、それとこれとは次元の違う問題である。やはり、「つ」「ぬ」の二語にはそれぞれ独自の意味があったと考えたい。もし、意味の違いがあったとして、それでは、動詞との結びつきに偏りが出るのを、どう考えたらよいのだろうか。その時考えられるのは、「つ」「ぬ」には違う意味があった。そして、右に述べたように、「散らす」の意味は「つ」の意味とはつながり易いが、「ぬ」の意味とつなげることは不自然になり、「散る」の場合は、これと逆な関係になるということである。

このような言葉の現象はしばしばあることである。尊敬の「おっしゃる」「いらっしゃる」「なさる」などは、これに使役の助動詞を付けて、それぞれ「おっしゃらせる」「いらっしゃらせる」「なさらせる」のように言うのは不自然である。だから、そのようには言わない。尊敬の意味と使役の意味とが矛盾した内容になるからである。「つ」「ぬ」の場合は、これほど極端ではない。しかし、これに類することがあったのではないだろうか。

二　助動詞とは

「つ」「ぬ」二語の意味を述べておきたい。その時、まず、この語が助動詞であって、それだけで単独では使われないという点から考えてみたい。単独では使われない語は、一般に付属語と呼ばれる。そして、付属語であるのは、形の上でそうであったというだけではなく、この語の表す意味と密接に関わった筈である。

「つ」「ぬ」二語が付属語と呼ばれる語であるのに対して、名詞・動詞・形容詞或いは副詞・接続詞といった語は、一般に自立語と呼ばれ、それだけで意味を表すことのできる語である。この、自立語と呼ばれる語は、その存在が具体的に確かめられる内容（具体的な事柄といってもよいし、客観的な事実と言い換えてもよい。時枝誠記のいう「客体的事物」である）を表している。そして、自立語の表す内容は、話し手がそれをどう考えるかとの関わりがない。話し手がどう考えるかは関係なく、事実として存在する事柄を表している。そういう内容であるから、それを表す語も、それだけでも意味が成り立ち、語としても自立すると考えられるのである。それに対して、助動詞のような付属語は、常に自立語の後に付けて使われる語であり、ということは、自立語の内容があって初めて意味のある語ということになる。そのことから、付属語は、自立語の内容に何か意味を付け加える働きをする語ということであって、それであるから、付属語は自立語がなければ、言葉としての機能が果たされないと考えられるのである。そして、その付属語の表す内容は、自立語のような客観的に存在の確かめられる事柄を表す語とはなり得ない。言葉は話し手の思想の形成・伝達の働きをするが、そこに客観的存在以外を考えるならば、それは、話し手が考えた内容以外にはない。しかも、それが、自立語に付属するものであることからいえば、自立語の内容に対して、話し手がそれをどう考えたか、それ以外にはないことになる。それが付属語の意味内容であり、「つ」「ぬ」も、その付属語という中で捉えられる意味があったと考えるべきである。つまり、それまで述べたことを、話し手がどう考えたかが、基本的な意味となる筈である。

「つ」「ぬ」は、前に来る動詞の違いによって使い分けられると考えられることがあった。実際は、それで区別できないことは、宣長も認めていたし、実例からもそうでないことは明らかである。しかし、そうと考えられる程に、前に来る動詞に偏りがあったことも事実である。宣長の示した語でいえば、「見る・聞く」には「つ」が、「散る・降る」には「ぬ」が付くということになる。本書では、このような偏りが生じた理由を、動詞の意味と「つ」「ぬ」それぞれの意味との間に、共に使われやすいものがあるからと考えた。これまで考えたことに併せて、

その点も加えて、「つ」「ぬ」の意味を考えると、次のようになると思う。即ち、

「つ」は前に来る動詞の表す事態の発生に、自分もしくは誰かの思いがこもると話し手が判断したことを表す

と考えられる。これが「つ」の基本義なのではないか。そして、もし、動詞の表す内容が自分の行為であるならば、或る場合はその達成を誇る気持になるし、或る場合はその事を起こしたことでの自らを責める気持が加わることもある。また、それが誰かの行為であるならば、それへの賞讃となることもあり、また、非難となることもある。もちろん、このような、誇り・自責・賞讃・責めなどの意味は、「つ」の置かれた文脈上現れたものというべきであろう。

それに対し、

「ぬ」は話し手を含めて動詞の表す内容の発生に誰の思いも加わっていない。いわば自然にそうなったと話し手が判断したことを表す

と考えられる。この「つ」「ぬ」の解釈から、先の、「見えつる」「見えぬる」を例に考えてみる、小野小町の歌でいえば、「思ひつつぬれば（毎晩あの人のことを思って寝たので）」ということを自分がしたから「私の思いが通じて、あの人が夢の中に現れたのか」というように、この

場合でいえば、「私の夢にその人の姿が現れる（その人が私を思うようになった）」という事態は、私が思った結果であるという、いわば喜びの思いが「つ」によって表されたと考えられるのである。言葉としては、「夢に見つらむ」であってもいいという思いもするが、あの人が現れたのであるから、「夢に見え」が相応しく、それであるから、その人が現れたという微妙な意味合いが生まれるのである。だから、「見え」でなければならない。そして、前記の思いがあったから「つ」が使われたのである。「吹く風の」の歌でいえば、「色の千種に見え」たのは、「秋の木の葉の散」ったからであるが、実際にはそうではない物がそう見えたということで、「風」の方から、自分の視野に入って来て、しかも、その感動を捉えた自分の心の働きが「つ」となったと考えられる。作者の感動の現れであろう。一方、「見えぬる」は、能因法師の歌でいえば、これは、「花に見」られたのであって、自分の本意ではないという話し手の思いを「ぬ」で表したと考えられる。『源氏物語（賢木）』の例は、「世ははかなきものと見え」たのは、そこに自分の働きかけがあったからでないことは、勿論である。「ぬ」が使われて当然である。

宣長がないといった「降りつ」の例が実際にはあったと述べた。「（雨が）降る」などは、そこに人の力の及ぶことはないから、「降りぬ」が一般となるのは当然である。しかし、「降りつ」の例もあった。「秋の夜に雨と聞えて降りつるは」は、これまでのことから考えれば、そこに何らかの作者の気持がこめられたことになる。もし、秋の夜、雨が降るに対する思いがあるとすれば、それは紅葉の色増すもととなる雨ということである。明日は一段と美しい紅葉という期待が裏切られることになるが、その意味を表すのが「つ」であろう。「雨」は自然現象である。誰かがそうする「降らす」ではなく、「降る」が妥当な表現である。その「降る」ことに思いが加われば、それは「降りつ」になる。「この夕降りつる雨」では、「夕」「雨」の結びつきがある。「夕」は訪れる人を待つ思いになる。「雨」は訪れを妨げる。その憂さをこめた思いが「つ」であったと解される。そして、それを慰めるのは、雨を「彦星の櫂のしづく」と思うことであったと解されるのである。『万葉集』の歌は「我が袖に降りつる雪」とあるが、袖に吹く雪は決してよいものではない。ましてや「妹」がもとを訪れる場合であれば尚更である。その思いが「つ」であったのではないか。そして、私が訪れられなくともその雪がせめて自分と愛する妹とに通じる物となってくれたらと、降る雪に対する作者の思いがあったのではないか。そして、そう解釈すれば、そこに「つ」が使われた理由も納得できるのである。

三　何故「つ」が使われたか

このような解釈については、既に「古代日本語における時間の意味」(『中央大学研究紀要』)や前著『日本語を考える』の中で述べたことがある。その中で、例えば、『源氏物語』の中で、垣間見る源氏の前に現れた紫上は、「雀の子を犬君が逃がしつる」(『源氏物語』若紫)と言うが、果たして、この時に犬君がどういうことをしたのかは分からない。実際は、雀の子を中に伏せた籠に、そそっかしい犬君が走り廻ってぶつかって雀が逃げただけなのかも知れない。しかし、その行為は、雀の子を大事にする紫上には「逃がし」という以外にはなかったのであろう。そして、どうにも腹立たしく、それを責める思いが、「つ」となったと考えられるのである。「逃がし」は、あたかも犬君にその意図があったかのようであって、「つ」と意味が重なるようにもみえるが、動詞「逃がし」は犬君の具体的な行為であり、「つ」は紫上の思いであることで、その二語には違いがある。更に、これに続く話の中で、源氏が近くに来ていると告げられた尼君が「あないみじや。いとあやしきさまを人や見つらむ(ああ大変。大変にみっともない様子を人が見るようにしてしまっただろうか)」と言う。この「つ」は「見る」という動詞だから使われたのではなく、「人や見」という事態は、簾もおろさず、縁先に出ていた自分の迂闊さがもたらしたものであって、それへの反省の思いの現れと解釈できるのである。

このように、「つ」を考えて来たが、『源氏物語』浮舟の巻で、匂宮が、あたかも薫であるかの如くよそおい浮舟の許へ忍び込む場面で、彼女の侍女である右近に向かって、ひたすら薫の声づかいをしながら、

物へ渡り給ふべかなりと仲信が言ひつれば、驚かれつるまゝに出で立ちて、いとこそわりなかりつれ。まづあげよ（「あげよ」は「あけよ」と読む本もある）

（どこかへお参りに行かれることになっていると聞いたと仲信が言ったので、びっくりしてすぐに京を立ち、大変に不都合な目に遭ったがやってきた。まず家の中にあげなさい）

と言う。ここで、「驚かれつる」というが、この言い方から直ぐに思い浮かぶのは、『古今集』の、

秋来ぬと目にはさやかに見えねども風の音にぞ驚かれぬる（秋上・一六九。藤原敏行）

（秋が来たと目でははっきりと見えないけれども風の音を聞いた時、秋と気づいた）

という例である。同じ「驚かれ」でありながら、『源氏物語』の場合は「つ」が使われ、『古今

集』の場合は「ぬ」が使われるというように、「つ」「ぬ」の違いがある。

このようなことも、例えば、大槻文彦が、「つ」は「動作ノ果テ、止マル意」（『広日本文典』）とし、「ぬ」は「其意、畧、『つ』ニ同ジ」とするように、「つ」と「ぬ」とは意味が変わらないのであるから、この使い分けも大した意味のあることではないと処理することもできるが、『源氏物語』と『古今集』との二つの例が、略、同じ意味とは考えたくない。

この、「驚かれつ」「驚かれぬ」とでは、管見に入った限り、和歌の中では「驚かれぬ」となる例は多い。次のような例がある。

降る雪のみのしろ衣うちきつゝ春きにけりと驚かれぬる（『後撰集』春上・一。藤原敏行）

（降る雪を防ぐ蓑の代わりに、戴いた大袿を着る度ごとに我が身にも春が来たと驚いております）

郭公おのが寝覚めの初声に待つ人さへぞ驚かれぬる（『散木奇歌集』）

（寝覚めに聞いた郭公の初声に早く聞きたいと待っていた人までが驚いてしまった）

一とせははかなき夢の心地して暮れぬる今日ぞ驚かれぬる（『続詞花和歌集』前律師俊宗）

（一年はあっという間に過ぎる夢の心地がして、暮れてしまった今日に驚いてしまった）

これに対し「驚かれつ」となる例は和歌の中には一例も見当たらない。一方『源氏物語』には、「驚かれつ」として、先に示した以外に、次の一例がある。

かの廊のつま入りつるほど、風の騒がしかりつる紛れに、簾のひまより、なべてのさまにはあるまじかりつる人の、うち垂れ髪の見えつるは、世を背きたまへるあたりに誰ぞとなん見驚かれつる（手習）

（その廊の軒端を入った時に、風が騒がしく吹いていたために、まき上がった簾の隙間から、よく見かける様子ではない人の、垂れた髪が見えたのは、世を背いた生活をしている所で誰なのかと見て驚いていしまった）

しかし、「驚かれぬ」は調査した限りでは一例もない（なお、助動詞「る」の付かない「驚きぬ」は四例あるが、「驚きつ」の例は一例もない。いずれも、「驚く」ことに、誰かの意図が含まれたという意味はなく、「ぬ」本来の使い方といえる。和歌では、「驚きつ」の例は、江戸時代の例はあるが、古い時代に使った例はない。もっとも、「驚きぬ」の例も多くなく、「驚きつ」の例がなかったことも、それほどに意味のあることではないともいえる）。

『古今集』の例は、「風の吹く音で秋の到来に突然に気付いた」というのであって、作者の意図に基づかない事態であるから、「ぬ」が使われて当然である。他の三首の場合も、そこに誰の意図も含まれてはいないから、同じように「ぬ」となって当然である。「ぬ」直前の「る」

が自発の意味に解釈されるから、その面からも「ぬ」が自然といえる。

これに対し、『源氏物語』の二例の「つ」には、どのような意味があったのであろうか。

この二例は、どちらも登場人物の言ったことであるから、その「つ」は登場人物の心から出たと考えるべきである。

「浮舟」の例は、匂宮が浮舟の許に忍び込もうとして、浮舟の女房である右近に語る言葉である。匂宮は、浮舟の夫である薫をよそおい、声も似せていた。相手をした右近も薫とばかり思い、匂宮とは思っていない。右近は、何故、こんな夜更けにと不審がる。右の引用文は、その時、匂宮が語った言葉である。「ものへ渡り（物詣でに行く）」という話は、実は、この会話よりも前に匂宮はこの邸に忍び込み、その時に、女房たちの話を盗み聞きする。その中で、右近は浮舟に対し、薫に連絡もせずに物詣でに行ってもし薫に知れたらどうかと不安がる。匂宮はそれを利用したのである。右近が気遣っていることを知っただけに匂宮にとっては絶好の責め道具であったに違いない。薫をよそおった匂宮は、その事実を薫の家司である仲信から聞いたとする。薫がそういう形（本人には伝えず、その家臣にだけ伝える）で事実を知らされれば、腹立たしい思いになって当然である。「言ひつれば」「驚かれつる」と、匂宮が「つ」を使ったのは、薫の立場であれば、当然、相手の落ち度を責めて相応しい内容であり、そこで「つ」を用いた。自然とそうなったと考える「ぬ」では不十分な表現であり、「つ」でなければならなかったのである。「つ」を通して、その薫の気持が伝わることで、右近は後ろめたい思いになったであろう。そして、「いとこそわりなかりつれ」の部分でも「つ」が使われている。前もって知らされていれば、こんなことにはならなかったのに、そうでなかったためにひどい目に遭ったという意味に解され、ここにも、匂宮の同じ姿勢が見てとれる。それであるから、次の「まづあげよ」と、何はともあれ中に入れてくれにつながることになる。この「つ」の意味を生かした形で、この部分に現代語を当ててみれば、次のようになろうか。「どこかへお出かけということだと仲信が知らせて来たので、自分には何の連絡もなくそんなことをするとはと、驚かざるを得なくて、すぐに飛んで来た。まったく、しなくともよい苦労をしたのに。何はともあれ、中に入れなさい。」『源氏物語』と和歌とでは、「驚かれつ」「驚かれぬ」の違いがあったが、それぞれ、「つ」「ぬ」が使い分けられる必然性があったのである。我々もまた、ここに「つ」を用いた作者の意図を考えるべきであろう。そう解釈することで、薫をよそおう匂宮の意図が明確に理解でき、物語の面白さも増すのではないか。

『源氏物語』（手習）にある、もう一つの例について考えることとしたい。

これは、尼君の亡くなった娘の婿で、今は中将になっている人が、横川を訪ねる道すがら小野の里に立ち寄った時、そこに不似合いな、若い女性（浮舟）の姿を見て、その驚きを、亡くなった人の女房であって、前々から親しかった少将の尼に語った言葉である。ここでは、「入りつる」「騒がしかりつる」「あるまじかりつる」「見えつる」「見驚かれつる」と「つ」が使われる。もし、それを一つの出来事として語るのであれば、このように「つ」が使われなくともよかったであろう。この文脈には、思いもかけない、若い女性の姿を見ていぶかしむ思いがこめられており、それが、「つ」に現れたと考えられるのである。この家の女性たちは、中将を好ましい人とする思いがあり、できることなら、中将と浮舟との結びつきがあったならと願っており、それに通じる思いが、中将の中にもあったのかも知れない。

四　「ぬ」の解釈

『源氏物語』には「驚かれつる」はあったが、「驚かれぬる」はない。しかし、次のように「驚きぬ」という例はある。

小君、近う臥したるを、起し給へば、うしろめたう思ひつゝ寝ければ、ふと驚きぬ（空蟬）

（小君が近く臥しているのを、お起こしになると、不安な思いで寝ていたので、すぐに目覚めた）

源氏は小君の手引きで空蟬の家に忍び込む。しかし、それと察した空蟬は身をかわし、そこには義理の娘に当たる軒端荻がいた。源氏は空蟬の残した薄衣を取って部屋から出、そばに寝ていた小君を起こし立ち去った場面である。源氏に起こされ、しきりに気にしていた小君は、すぐに目を覚ます。その文脈で考えれば、ここは「ぬ」が適切である。

やがて御覧ずれば、いと、すぐれてしもあらぬ御手を、たゞかたかどに、いと筆すみたる気色ありて、書きなし給へり。歌もことさらめき、そばみたる古言どもを選りて、たゞ三行ばかりに、文字ずくなに、このましくぞ、書き給へる。おとゞ、御覧じ驚きぬ。

「かうまでは、思ひ給へずありつれ。さらに筆投げつべしや」（梅枝）

（その場ですぐに御覧になると、大変にすぐれているわけではない筆跡を、一つの才覚で落ち着いた筆法で殊更に書いていられる。歌も殊更らしく、偏った古語などを選んで、ただ三行ほどに、漢字も少なく、好ましく書いていられる。おとどは驚いて御覧になった。

「こうまでとは、思いもしなかった。これ以上は、筆を持たない方がよいかな」）

蛍兵部卿宮の見せた冊子の字のよさに源氏が驚く場面である。「御覧じ驚きぬ」と「ぬ」が使われるのが当然の文脈である。

なお、続く源氏の言葉では「ありつれ」「筆投げつべし」と「つ」が使われるが、前者はこの程度と予想したことがはずれたからであり、後者はもう筆など持ちたくないという思いからであるから「つ」となっている。

夜の更け行くまゝに、物の調べどもなつかしくかはりて、青柳遊び給ふほど、げに、ねぐらの鶯も、驚きぬべく、いみじくおもしろし（若菜上）

（夜が更けて行くにつれて、音の調べも心惹かれるように変わって、青柳をお遊びになるとき、本当に、それをねぐらとする鶯も驚くほどに、たいへんに興趣がある）

源氏の四十の賀の一場面で、殿上人が謡う催馬楽の青柳がおもしろく、その中に出て来る鶯のように、ねぐらの鶯も眠りからさめたであろうというもので、鶯が目覚めるのは誰がそうしようとしたことでもないから、「ぬ」が使われて当然である。

さしとむる葎やしげき東屋のあまり程ふる雨そゝぎかな

と、うち払ひ給へる追風、いとかたはなるまで、東の里人もおどろきぬべし（東屋）

（雨だれが落ちるのを止める葎が生い茂っているのか、何時までも降っている雨であるよと、降りかかった雫を払いのける袖から匂って来るよい薫りに、異常なほどに東国の者たちも驚くに違いない）

中君は匂宮を避けて浮舟を三条の隠れ家に移すが、そこを薫が訪れた場面である。雨を払った薫の袖に吹く風の香りに、普段はそれに馴れない里人だから、大変に驚くに違いないというもので、これも「驚く」ことなど全く意図しないことであるから「ぬ」が適当である。

このように、「驚きぬ」と対照してみると、「驚かれつ」と「つ」となった理由が、更に明確なものとなる。和歌の「驚かれぬ」と『源氏物語』の「驚かれつ」とが同じ意味で使われたわけではない。やはり、そこでは「つ」が当時果たしていたと考えられる意味で使われていたと判断でき、それを理解する我々は、当然、作者の本意を踏まえて解釈すべきであろう。

第七章　問いかけと答え

一　日本離れした表現

「万里ちゃんの学校なんかも、西教史には本質的に関係があるわけなんだけれど、そんな話は聞かさないでしょう」

「いいえ」

学校で時間の多い英語からの癖か、また半分は日本人でない血のためか、こんな場合どうかすると万里子は外国式の否定で返事をする。（野上弥生子『迷路』）

『迷路』は、第二次世界大戦前から戦中にかけての若者の生き様《よう》を描いた小説である。主人公は菅野省三、九州の大きな造り酒屋の次男であり、父親が土地の有力者であったため、裕福な学生生活を送っていた。東京での彼の周囲には、同郷の政治家・実業家もいた。しかし、彼は大学生時代に急進的な思想で警察に逮捕される。転向を余儀なくされて釈放されるが、大学からは逐われ、生活は一変し、今では家庭教師などをしながら、好きな西教史の研究を細々と続けている。ここで「万里ちゃんの…」と問いかけた本人である。問いかけられた女性万里子は、今は実業家の養女となっているが、実父は養父の兄であり、米国滞在中、土地の女性との間に彼女は生まれた。父が米国で自動車事故で急死し、その衝撃で母親も死んだため、父の弟に養女として引き取られていた。実子の生まれなかった養父母からは限りなく愛され、経済的にも何不自由のない恵まれた境遇であった。しかし、彼女は口数も少なく、何を思っているか分かりにくい人とされながら、言い出せば決して譲らない女性であった。そういう環境の中で省三は万里子に同情を寄せ、いわば、数少い真の理解者といってよかった。後に二人は結ばれる。省三に召集令状が来たとき、「死なないで」と繰り返し、衆人の前で「行かないで」という正直な行動も万里子の常人とは異なる性格の現われとして描かれている。

冒頭に引用した部分は、まだ、二人に結婚の気持ちなど微塵もない頃のことである。省三の問いかけに、万里子は、ただ「いいえ」とだけいう。問われた通りに、自分たちは「聞かされていない」ことの表明であるが、作者はこれを「外国式の否定」と説明している。この答え方は日本語的ではない。省三の質問は「聞かされていないでしょう」であるが、「聞かされていない」のであるから、日本語的には「はい」となる筈である。「いいえ」とすれば、相手の問いかけを否定して、「聞かされている」という意味になることが多い。それを、「いいえ」と答えるのは、「Don't you think…?」と問われて、そのように考えていなければ「No, …」と答えるのと同じになる。更に、「外国式云々」には、それ以外に、「いいえ」と、事実を述べるだけの答え方もあったと思われる。

司馬遼太郎は、対談集『日本語と日本人』の中で、

ぼくら、ものごとを断るときに、上方流に阿吽の呼吸で断るんですけど…たとえば仕事を依頼されて、「したいんだけど、いま忙しいからできない」という。こちらとしては、断ってるわけです。ところが、三、四日ほどして、その相手方から「もう忙しくなくなったんでしょう」と電話がかかってくるんです。どうも、ちゃんと状態を説明しなくちゃいけないらしいんです。

と、どのように相手の依頼を断るかを述べているが、いわば間接的にやんわりと断るやり方に比べれば、違うことは違うとする、万里子の否定は直截的であり、彼女の人物像を作り上げる上での一つの方法であった。

「切開の時、痛くなかった。」

「いいえ。」

盲腸手術の時を聞かれたものであり、「いいえ」で表すのは「痛くなかった」ということである。もし、日本式に答えるならば、「ええ」であろう。作者のいう「外国式の否定」である。

「熱もそう高くなかったんですか。」

「ええ。」

「ええ」の答えは、「熱がそう高くなかった」ことをいう。「高くなかった」ことをいうなら、「いいえ」であってよかった。もちろん、日本式の言い方であるならば、「ええ」となる。

「みんな一緒に帰っちまって、万里ちゃん急に淋しくはない。」

「いいえ。」

「淋しくはない」のであるから、万里子は「いいえ」と答えた。これも「外国式の否定」である。

「万里ちゃん、もう寒くない。」

「ええ。」

縁者が集まっての席での会話である。一人離れている万里子への問いかけであり、「寒くない」万里子は、問いかけの言葉をそのままに「ええ」と答える。外国式ということでいうならば、「いいえ」であろう。

「語学は嫌いじゃないのでしょう。」

「ええ。」

「今はいくらだって出来るのだから、つづけて勉強するのですね」

「嫌いじゃない」と聞かれて、そうであるとして「ええ」と答える。これも、質問の形に合わせるならば、「いいえ」であってよい。

この「外国式の否定」というのは、万里子の場合、特に意識されるようになっているのは、目立つからであって、それが特別の言い方であったわけではない。

省三はそれを指摘した。「その説は自分への気休めだし、むしろ、あんたを心配させないためですよ。でなければあの仕事を打っちゃって行くのが、どんなに辛いか話したかったでしょうし、まだもっともっと、話したいことだってあったかも知れない。そんな素振りはみえなかった。」

「いいえ。」

「じゃ、普断でもたいていどんな話を、あんたをたずねる時彼はしたのです。」

「一番よく聞かされたのはやっぱり、虫のことでしょうか。」

省三の話の相手は、せつという女性。彼の友人の一人であった小田が、召集令状を受けた直後に事故死を遂げてしまい、その時に二人で交わした会話である。

省三の質問は、「何か特別の素振りは見えなかったか」というのに対し、せつは「いいえ」とだけ答え、特別の素振りが見えなかったことをいうのであるから、もし、日本式に答えるならば、「ええ」となるであろう。その意味でいえば、これも、「外国式の否定」になる。しかし、作者は、万里子の場合のようには、それを意識しなかったであろう。つまり、これも日本語の一つの言い方としてあり得るものと作者は考えていたのである。

なお、否定疑問文の中にも次のような例もある。

「垂水の奥様はやっぱり御諦めになれないかして、まことにお淋しそうでしたこと。どこか、御加減でもおわるいのではないでしょうか。」

「いいえ、そんなことは。」（『迷路』）

「垂水の奥様」は省三の幼な馴染みの多津枝の母で、多津枝は夫と用務先の中国へ渡る途中の飛行機事故で死亡してしまう。これは、その一年祭の帰路、阿藤子爵夫人と増井松子夫人が同車した場面での会話である。問いかけたのは阿藤夫人、かつて、省三はその子息の家庭教師をしており、夫人とは多津枝にだけ知られた秘密の関係があった。阿藤夫人の問いかけに答えるのが、増井松子夫人、万里子の養母であって、この時、省三には義母に当たる。垂水・増井両家は親しい。

この場合、「おわるいのではないでしょうか」と否定疑問文の形をとってはいるが、この否定の意味は、「おわるいのですか」と直截的に問うことを遠慮しての、問いかけ側の気遣いをこめた言い方である。「ない」は、問いかけ側の心の表現であるから、質問の内容は、通常の否定疑問文とは異なることになる。そこで、答える側は、否定する内容であれば、「いいえ」となり、肯定する内容であれば、「はい」ということになる。「知っていたのではないのですか」と問われて、「いいえ、知りませんでした」と答えるのと同様である。

二　yesとnoは、「はい」と「いいえ」

否定疑問文に対する答え方の問題は英語学習の際にしばしば問題とされる。「次の電車に乗らないのか」と聞かれて「はい」と答えることで「乗る」と誤解されるなどの話は多い。

ある昼下がりの電車の中で見た光景である。ラッシュの時間ではないので、車内には、空席も沢山にあった。側に座っていた女子高校生が二人で問題集を開いて、答え合わせをしていた。

「ねえ、この『yes』は『はい』だし、この『no』も『はい』だよね」
「いや、この『yes』は『いいえ』じゃないかしら」

こちらの頭の中が混乱して来るような会話であった。「yes」は「はい」で、「no」は「いいえ」に決まっているじゃないか、何言っているのだろう、この子たち、と思いながら、聞いていたら、段々と分かって来たのは、つまり、「Don't you think so ?」に対して、「Yes, I do.」と答えた「yes」は「いいえ」であり、「No, I don't.」と答えた「no」は「はい」なのである。考えさせられるものがあった。我々の教わった時代を思い出せば、否定疑問文での答え方には気を付けなさいと教えられはしたが、「yes」は「はい」であり、「no」は「いいえ」であった筈である。今が、余りにかけ離れているので、驚いたものである。家に帰り、試しに学習用というのか、小型の英和辞典を調べてみると、「yes」の語義の一つには、「(相手の否定的な言葉に反論して) いいえ」という語釈が載っていた。勿論、「no」の場合にも、「(否定の問いかけに対して) はい」という語義がある。でも、これが、果たして英語の語義なのだろうか。我々が使った同種の辞典との差に驚かざるを得なかった。

三　日本語的な応答

このような応答のあり方は、日本語の場合、古くから見られるものであった。

（アド）　さてはひるがへす事は成りませぬか。
（シテ）　なかなか、成らぬ事じや。（虎寛本狂言・もちさけ）

「なかなか」は、相手の発言を肯定する返事である。「成りませぬか」と否定の意味で問い掛けられ、できないことであるので、「なかなか」の答えが出る。現代語で「はい」が使われるのと同じである。以下、同様である。

（シテ）　すれば、同じ歌はなりませぬか。
（奏者）　中々、成らぬ。汝が御年貢によそへてよめ。（虎寛本狂言・もちさけ）
（売手）　かまへて絵の事ではおりないぞ。
（太郎冠者）さては、絵の事では御座らぬか。

（売手）　中々。（虎寛本狂言・末広がり）
（シテ）　いか様、能う似た御太刀で御ざる。定て対の御太刀で御ざらう。
（主）　すれば汝はしかと見覚へはないか。
（シテ）　いやいや、少しも見覚へは御座らぬ。（虎寛本狂言・空腕）

問い掛けた側は、「しかと見覚へはないか」と否定形で問い掛ける。それに対し、「いやいや」と否定し、「少しも見覚へは御座らぬ」と否定する。この形だけを見れば、「見覚へはない」事実に即して、否定応答詞を用いたように見えるが、この時の（主）の言葉の意味した内容は、形の上では「ないか」と否定となっているが、「見覚へがあるはずだ」ということであって、それに基づいた答えであるから、当然、「いやいや」の答えとなったのであろう。

（主）　是は大な川へ出たが、是は何といふ川じや。
（シテ）　こなたは此川を御存御座らぬか。
（主）　いいや、何共知らぬ。
（シテ）　是は神崎の渡しと申て、隠れもない大河で御ざる（虎寛本狂言・ふねふな）

この場合も、「御存御座らぬか」の問いに対し、「いいや」と否定応答詞を用い、「知らぬ」

と答えているが、後に「隠れもない」という説明が続く通り、問い掛ける側には、知らぬ事に対する驚きの思いがある。それを察知して、答える側に「いいや」の応答詞が出たに違いない。答える側は、その場に示された内容を否定しなければならないものがあり、そこで、「いいや」となったのであろう。

（シテ）　宿坊へは寄らせられぬか。
（主）　いやいや、おもふ子細が有るに依て、宿坊へはよるまい（虎寛本狂言・鞍馬参）

これも、「…られぬか」の否定疑問文に、「いやいや」と否定応答詞で答え、「よるまい」と否定する。この場合、「シテ」の問い掛けには、宿坊へさえ行けば酒などの接待に与ることを意識しての誘いかけであり、それだけに、「いやいや」の答が出たと考えられる。

このように見て来ると、どのような形式で問われたのかというよりも、その場に示された話の内容が何であるか、それが問題となることが分かる。

四　尊重するのは「場」か「真理」か

日本語と英語とで、違いが出ることについて、以前、次のような説明を聞いたことがある。先ず、英語の場合、たとえ、相手から「no」の問いかけをされたとしても、自分の立場で肯定ならば、「yes」で答え、否定ならば「no」で答える。自分を確立する心があるからである。それに対し、日本語では、相手の立場を優先するので、相手が「…ないか」と聞いてくればば、答える側は、自分もそれに合わせて、その通りならば「はい」、そうでなければ、「いいえ」となる。それだけ日本語には自己の主体性がないのだと。その時は、成る程、あり得ることだと思った。

しかし、或る時、別の考え方も出来るのではないかと思った。それは、日本語の場合、先ず問う側の問い方の問題がある。「知りませんか」という問い掛けの形式は、「知りません」という文に、「か」が付いて疑問文になっている。或いは、会話では、「か」を用いずに語尾を上げるイントネーションを使うが、これも、「知りません」が妥当であるかを聞く構造である。答える側は、そこに話題として提供された事に対して、知らなければ、そのままに「はい」と、相手の言ったことを肯定した答え方になり、知っていれば、相手の問いかけた内容を否定して「いいえ」となる。つまり、そこに提示された内容に対して、肯定するか、打ち消すかというこ となのである。答える側が、自己よりも問い掛けて来た相手を重んじ、それに合わせるというのではないであろう。英語の場合、「yes」「no」の判断は、自分が思う内容に合うかどうかにあった。「Don't you think so?」と言われて、事実がそうあれば「yes」であるし、思っていなければ「no」である。これは、事実に合うかどうかが問題なのであって、日本語のように、そこに示された内容に合うかどうかではない。もし、ここで述べたことが正しければ、その場を基準とする日本語と、事実を基準とする英語との違いということになる。そして、その意味では、「はい」は「yes」であり、「いいえ」は「no」であって、この関係が崩れることはないのではなかろうか。実際に使われた例を比べて、この「yes」は「はい」、これは「いいえ」という捉え方は、どうにも賛成できない感じである。それだけは何とかならないかの思いは消えない。

おわりに

『日本語の論理』を出版することができた。前著『日本語を考える』以降、何かの際に言葉について考えた内容を記したものである。「峠」などは、国字の面白さに惹かれることはあっても、その内容は深く考えようとしなかった。漠然と地図に記された○○峠の位置が、常に最高点を指しているので、安易にそれに寄りかかっていたきらいがある。その点は大いに反省している。今回、人からヒントを貰い、考える中に、そして、実際の例を拾い拾いしている中に、自分の中で漠然としていたものが少し見えて来た感じがする。本書は、長い友人である大修館書店編集部の藤田侊一郎氏より誘いを受け、執筆を思い立った物である。しかし、まとまった稿とならず、それから長い時が経過した。年来の怠惰癖から、顔を合わせれば、いつも言い訳をし、今日まで遅延してしまった。更に、稿成ったとは言葉だけで、その後も、多くの加筆訂正を繰り返した。その間、氏は常に寛容さを示し、のみならず、全編にわたり、こちらの考えの至らない点を指摘してくれた。大いに感謝している。

「はじめに」にも述べた通り、本書での言葉を捉える視点は、既に執筆した『国語の論理―古代語から近代語へ』『日本語を考える』の二書と同一である。二書を補足した部分もあるが、全編、新しく執筆した。ただ、記述の必要上、重ならざるを得ない部分もあったことを記しておきたい。

日本語を日本語に即した考え方で捉えるというテーマで考え続けて来た。前の二書もその気持で執筆した物であるし、それを追った、この書もそうである。ただ、三書共に、各章、個別的な語を取り上げている。今後は、日本語全体を一つの体系で記してみたいと考えており、それが、今の目標である。

索　引

[著者略歴]

山口明穂（やまぐち　あきほ）

1935年横浜市生まれ。

東京大学文学部国文学科卒業。愛知教育大学専任講師・助教授、白百合女子大学助教授・教授、東京大学助教授・教授を経て、現在、中央大学文学部教授・東京大学名誉教授。

著書に『中世国語における文語の研究』（明治書院、1976）
『国語の論理』（東京大学出版会、1989）
『日本語を考える』（東京大学出版会、2000）がある。

日本語《にほんご》の論理《ろんり》——言葉《ことば》に現《あらわ》れる思想《しそう》

NDC815 294p 20cm

初版第1刷——2004年2月1日
第3刷——2005年9月1日

著　者——山口明穂《やまぐちあきほ》
発行者——鈴木一行
発行所——株式会社大修館書店
〒101-8466 東京都千代田区神田錦町3-24
電話 03-3295-6231（販売部） 03-3294-2355（編集部）
振替 00190-7-40504
[出版情報] http://www.taishukan.co.jp

装丁者——井之上聖子
印刷所——壮光舎印刷
製本所——三水舎

ISBN 4-469-22162-7　　Printed in Japan